デービッド・アトキンソン

イギリス人アナリスト
日本の国宝を守る

雇用400万人、GDP8パーセント成長への提言

講談社+α《プラスアルファ》新書

はじめに
ゴールドマン・サックスのイギリス人アナリストが、日本の伝統文化を守る会社の社長になった理由

初来日の印象

日本に最初にやってきたのは一九八五年のことでした。

いわゆる「外国人留学生」として日本の地を踏んだわけですが、オックスフォード大学で学んだ「日本文化」のイメージと大きくかけ離れた日本の姿にただただ戸惑うばかりでした。なかでも、「東京」の印象はお世辞にも良いものではなく、人も建物も多くてなんだかゴミゴミしていると感じたものです。

気を悪くされるかもしれませんが、当時はバブル期のはじまり、ということもあってか「日本人」に対しても同様の印象を抱きました。

アルバイトで英語教師もしましたので、多くの日本人と接する機会はありました。異文化を理解するには、その国の人々のお話に耳を傾けるのが一番です。しかし、そこで聞かれる

「日本」や「日本人」の姿というのは、だいたいこのようなものでした。

「欧米人は狩猟民族で日本人は農耕民族。国民性や価値観が違う」
「日本は多神教なので他者に寛容だが、西洋は一神教なので不寛容」
「日本人は手先が器用で、世界一自然を愛する民族だ」

ヨーロッパには日本以上に長い歴史がありますし、すべての西洋人が敬虔《けいけん》なキリスト教徒ではありません。私の本国イギリスでもキリスト教はたしかに国教と定められていますが、キリスト教を信仰しているのはわずか五パーセント程度という調査結果もあるほどです。

そして、海へ行けば、消波ブロックだらけの海岸線。日本人が愛するという富士山もゴミがいたるところに落ちている。理想と現実の隔たりに違和感を覚えました。

つまり、失礼を承知で言わせていただくと、国際化されていないうえ、かなりステレオタイプなものの見方をする国民だなと感じたのです。

三〇〇年続く文化財修理会社に

だけれども、不思議な魅力を感じる場面もありました。

もともと大学で「日本学」を専攻したのも、級友たちのようにサムライや忍者、『源氏物語』などが好きだったためではありません。当時はイギリス経済はどん底で、ポンド高や組合問題などによって産業革命から続いていた構造が大きく崩れていました。一方、日本企業が世界中を席巻していたので、「日本語が喋《しゃべ》れる」ということで多少なりとも就職が有利になるのではという考えからでした。

しかし、二年間オックスフォードで学んだ「日本」というものと、実際に住んでみた「日本」のあまりに大きなギャップに、

「もしかしたら自分は間違っていたのではないか」

と悩みながら帰国したのでした。

そんな私が、気がつくとゴミゴミしていると感じた東京に家を建てて、二五年も生活をするようになっているのですから、人生というのは面白いものです。

しかも、三〇〇年以上続く文化財を保全修復する会社の経営者として、どうすれば日本の素晴らしい文化が世界に認められるのかということに日々頭を悩ましながら全国を奔走するような人間になるなど、留学生だったころの私は夢にも思っていなかったことでしょう。

自己紹介が遅れましたが私は、デービッド・アトキンソン。

日光東照宮など全国の文化財の修繕・補修を三〇〇年以上手がけてきた「小西美術工藝社」の社長を務めているイギリス人です。

ソロモン・ブラザーズに就職

日本を離れる際に悩んでいた外国人が、なぜ「日本文化を守る」などと口にしてはばからないような親日家に豹変《ひょうへん》したのか。それをご理解いただくためには、以前のキャリアから順をおってお話をしなくてはいけません。

オックスフォード大学を卒業した私は、まずアメリカのコンサルタント企業「アンダーセン・コンサルティング」に就職をします。ロンドンオフィスでの勤務を経て、ニューヨークへ派遣されると、日本留学の経験を買われ、日本の金融機関を相手にして、アメリカでの事業展開を助言する仕事をすることになりました。

ただ、すでにこの時期、私はコンサルティング会社に入ったことを後悔していました。プレゼンテーションや分析の手法を学ぶことはできましたが、コンサルティング会社には特別な専門知識がありません。なぜこのような素人たちに大企業が多くのフィーを払うのかまったく理解できなくなっていたのです。もちろん、それは私も然《しか》りです。金融の素人である私の助言で、金融機関の経営状態が改善されるわけがありません。

そのようにコンサルタントという仕事に疑問を抱き始めた一九九〇年初頭、日本に赴任をすることになりました。ある外資系証券会社が、東京の拠点を拡充しており、その助言をすることになったのです。それから半年後、オックスフォードの日本学科を卒業し「ソロモン・ブラザーズ」で働いていた同期から、「銀行アナリストを探している」という誘いを受けたのです。

みなさんもご存知のように、外資系企業では移籍が珍しくありません。私も面接を受けた翌日には、ソロモン・ブラザーズで働いていました。

ニューヨークで三ヵ月間、みっちりと「伝説のアナリスト」と呼ばれたトム・ハンリー氏に師事して、分析の手法を学んだ後、日本の銀行を担当するアナリストとして活動を始めることになるのです。

銀行幹部に呼び出される

専門的知識や客観的データに基づき、物事をきっちりとまとめてその結果で人を説得するアナリストという仕事は、私に非常に向いていました。後にヘッドハンティングされて「ゴールドマン・サックス」に移籍してから一七年にわたって日本経済と金融機関を分析し、それなりに市場に影響を与えるレポートを書いてきたという自負もあります。

ただ、このアナリストという仕事においてもまだ私は「日本」に対してあまり良い印象を抱くことができませんでした。理由はいろいろありますが、ひとつには、日本の銀行幹部たちの「俺が言っていることを黙って書けばいいんだ」という態度があります。

後ほど詳しいお話をさせていただきますが、私がアナリストになったころというのは折しもバブルがはじけて、銀行経営が揺らぎ始めていた時期でした。

私の仕事は投資家に向けて、銀行の正確な姿を分析してレポートをすることです。当然、明らかに経営が悪化している銀行についてかなり耳の痛いレポートばかりを書きます。なかでも、日本のアナリストたちがやらない不良債権問題を包括的に分析しました。その度に銀行の幹部などから呼び出されて、このように怒鳴られるのです。

「我々が言っていることをそのまま書け！　銀行の素晴らしさを伝えて投資家が株を買うよう薦めるのが君の仕事だろ！」

呆《あき》れるかもしれませんが、当時の日本の銀行アナリストはこのような仕事のやり方をしていたのです。私がそれはアナリストの仕事ではないと反論をしても、「君がどう思うかなどは関係ない」と一歩もひきません。

おかしいことを指摘できない

そんな時、私と銀行の間に決定的な〝衝突〟が訪れます。

当時、政府や銀行側は不良債権を数兆円と見積もっていたのですが、我々ソロモン・ブラザーズの試算では二〇兆円という数字がでてきたのです。すぐにその結果を「銀行の不良債権」という題名でレポートしたところ当然、市場では銀行株の売りが殺到してしまったのです。

銀行幹部から「ふざけるんじゃない！」「訂正しろ！」などという抗議電話が殺到し、なかにはヤクザのような恫喝《どうかつ》をする人もいました。日本の銀行員は大人《おとな》しいと思っていましたが、怒らせると本当に恐ろしいと痛感したものです。

しかも、怒ったのは銀行だけではありません。

「米政府がソロモンをつかって日本経済をダメにしようとしている」なんて陰謀説が流れたせいか、会社に脅迫状のようなＦＡＸが大量に送られてきて、右翼の街宣車までやってきたのです。

ご存知のように、銀行の不良債権は二〇兆円どころではなかったことが後に明らかになっています。そういう意味では、私たちの分析もごくごく妥当なものだったのですが、当時のマスコミも金融機関も耳を傾けてくれるような状況ではありませんでした。会社から、「しばらく避難して欲しい」と言われた私はスーツケースに荷物をまとめて日本を〝脱出〟したのです。

銀行員といえば、日本社会のなかではエリートとされる人たちです。そんな立派な方たちがなぜ「俺が言っているんだから信じろ」という無茶苦茶な理屈をふりかざすのか。なぜ明らかにおかしい点を「おかしい」と指摘すると、ここまで袋だたきにされるのか。

当時の私にとってまさしく「日本人」というのは、謎の民族だったのです。

茶道が教えた日本の素晴らしさ

この不良債権問題によって心がすり減って、「日本」というものにもすっかり失望した私は、イギリスへ帰国することも考えるようになっていきます。そんな私を見るに見かねて、日本人の友人がこんなアドバイスをくれました。

「日本人はそういう人だけではない。金融と関係のない世界もありますよ」

仕事ばかりしていた私にとって、この言葉でパッと目の前が開けました。そうだ、日本はギスギスした金融の世界だけではない。電話もメールもＦＡＸもない、ゆっくりと時間が流れ、「癒やし」が得られるような世界だってあるはずだ。

そんな藁《わら》にもすがる思いで「茶道」を始めることにしたのです。

この出会いが私の運命を変えました。最初は「気分転換になれば」くらいの軽い気持ちでしたが、青山の自宅近くにある裏千家の先生について稽古を重ねるうち、みるみるうちに茶道の奥深さに引きずり込まれ、気がつけば自宅に茶室をつくってしまうほどのめり込んでいくのです。

ネットで調べた先生と初めてお会いした時は、先生も外国人の弟子をとることにあまり積極的ではなかったし、自分としても不安がありました。けれども、茶道の奥深さを知ると同時に、日本のマイナス面が目に飛び込んでくることが多く、プラス面が見えなくなっていた私は、日本の文化の良さと、その良さを形にしている先生に魅了されていきました。

ともにお茶を点《た》てたり、日英の文化の違い、共通点を学んでいくうちに日本から去ろうという気持ちもすっかり薄れて「親日」へと変わっていきました。先生には心から感謝申し上げます。

このような場でともにお茶を楽しめる日本人は無茶苦茶な理屈を押し付けてきません。「道」に反するようなおかしい点は、おかしいと指摘しても問題はありません。日本に来てから一〇年近くを経て、大学二年生まで夢に見ていた「日本」の素晴らしさを再認識し始めたのです。

アナリストから「職人」の世界へ

「小西美術工藝社」の先代社長である小西美奈と知り合ったのもそんな時期でした。軽井沢の別荘がお隣同士ということもあり交流が始まったのです。やがて親しくなったことで、経営を見てもらえないかと打診されるようになったというわけです。

私は四二歳でゴールドマン・サックスを辞め、アナリストから引退しましたが、すぐに「小西美術工藝社」の経営に参加したわけではありません。

外資系金融機関の殺伐とした世界で心身ともに疲弊していた私は、京都の二条城近くに町家を購入して一年かけて修復し、趣味の茶道に心おきなく没頭するという、なんとも贅沢な隠遁《いんとん》生活を送っていたのです。仕事に復帰するという考えもありませんでした。

しかし、そんな私の穏やかな日々が終焉《しゅうえん》を迎えます。ある日、小西家の先代社長からこんな言葉で口説かれてしまったのです。

「文化財保護の仕事は、普通は見られないものが見られたり、入れないところに入れたりしますよ。一度、修復の現場を見てみてください」

「日本文化」の虜《とりこ》になっていた私です。これで心が動かないわけがありません。

「じゃあ一度だけ見学させてもらいます」とすぐに飛びつきました。そこで実際に文化財の裏側、修復の現場などを見学させてもらっているうち、茶道と同じく気がつけば、奥深い文化財の世界に引き込まれてしまったというわけです。今考えてみれば、まんまと先代社長の「作戦」にのせられてしまったということでしょう。

たまたま、同じ時期にお茶の友人で、ある会社の社長を務める女性からこのように言われていたこともありました。

「あなたは引退するのが早過ぎる。もったいない。人生が面白くなるので、すぐに復帰しなさい」

彼女の言葉には説得力がありました。ほどなく代表取締役会長兼社長という立場で経営をおこなうことになったのですが、最初は試行錯誤の連続でした。アナリストを一七年やっていたので企業を分析するのは得意中の得意です。ですから、経営や財務における問題点を見つけ出し、なにをすべきかはわかります。ただ、文化財の世界や、「小西美術工藝社」で働く職人のことなどについてはまったくの素人なので、その世界のルールがわからないのです。

職人をすべて正社員に

ただ、そんな慣れない経営をしているなかで、私はもうひとつ「日本」の素晴らしさに気づくことになります。やはり「日本には勤勉な労働者がいて、それが日本の成長を支えている」ということです。

私が「小西美術工藝社」でおこなった経営改革について、象徴的なのは、「職人の正社員化」です。

「小西美術工藝社」には七〇人以上の社員がおり、その中の五〇人以上が職人です。私が経営する前は、その三割が日雇いの非正規雇用でしたが、それを本社オフィスの賃貸料や経費などの固定費を徹底的にコストカットすることで、すべて正社員としたのです。その代わり、年功序列の給与体系をやめて、一定の年齢以上は昇給しないという仕組みをつくりました。

なぜそんなことをしたのかといえば、「小西美術工藝社」が抱えていた二つの課題を解決するためです。それは「後継者不足」と「職人の技術が低下している」というものです。ご存知のように、日本の「職人」の世界は年功序列です。年配の職人が経験と知識があるということで、高い給料を払います。

しかし、このシステムを長く続けていくと、年配の職人の給料は膨らみ続け、そのしわ寄せで若くて経験の浅い人には安い給料しか払えません。下手すれば、雇うことすらできません。

給料が安ければ、若い職人は去っていきます。後継者ができません。

そこで年配の職人の給料に一定の上限をもうけつつ、若い職人も正社員として収入を安定させることで、技術が継承されていく流れを促すことにしたのです。また、正社員となることで彼らの責任感が強くなり、品質管理が徹底され、技術も向上したのです。

日本が経済大国になったのはなぜ

もちろん、当初は職人の一部からは反発されました。当然です。いきなり外国人がやってきて、それまでタブーとされていた職人の給料体系をいじるわけですから。

しかし、伝統技術の会社といえども時代の流れに合わせて変わっていかなければいけないということを粘り強く説明して、どうにか納得してもらったのです。

改革の効果はてきめんでした。「小西美術工藝社」の技術に対する評価は劇的に上がり、後継者への技術継承も順調におこなわれるようになったのです。つまり、経営者である私の「思い」を受け止めて、それに見事に応《こた》えてくれたのです。

外国人に文化財のことがわかるわけがないというような先入観もありません。職人という実力本位の世界で生きてきた人たちなので、私の経営者としての能力を認めて受けいれてくれたのです。

これは私にとって大きな驚きでした。正直に申し上げてしまうと、これまで一七年間、日本経済と金融機関を分析しましたが、「なぜこの国が世界第二位の経済大国に成長をしたのか」という疑問に対する答えがわからないでいました。

エリートとされる金融機関の幹部が無茶苦茶な理屈をふりかざす姿を、目の当《ま》たりにしてきたということもありますが、銀行以外に目をやっても、大企業の経営者たちは、私から見ればなにかの改革や決断をしているようには見えなかったからです。むしろ、すぐに問題を隠したり、というその姿勢から、「何も変えないということに、日本人としての〝美〟を感じているのではないか」とさえ思ったほどです。にもかかわらず、なぜ日本企業は成功していたのか。

その答えが、世界でもまれな「勤勉な労働者」にあるということが、自分が実際に経営をしたことでよくわかったのです。

日本には〝伸びしろ〟がある

二五年前、私は日本人のことを視野が狭い、ステレオタイプの議論しかしない退屈な人たちだと思っていました。金融の世界に入ると今度は、なんて非科学的で感情的な人たちだろうと呆れました。しかし、そのような日本人だけだと思っていたこと自体、私の視野が狭かったのかもしれません。

文化財の世界に入ってみると、うちの職人だけではなく、ひたむきで自分の仕事にこだわりと誇りを持って、人間的にも尊敬できる日本人にたくさん出会ったからです。

ただ、その一方で二五年住んでもまだまだ理解できない日本と日本人の「おかしな点」にも多々気づきます。

特に文化財という日本人にもあまり知られていない世界に足を踏み入れたことで、なぜこんなにも素晴らしい文化を台無しにするような愚かなことをするのか、と憤りを感じることさえあります。

そこで本書では、私の考える「日本の素晴らしさ」と、改善すべき「日本のダメさ」を指摘させていただきたいと思います。アナリストとしては引退しましたがポリシーは変わっていませんので当然、日本人であるみなさんにとっては耳の痛いこともズバズバと触れさせていただきます。

ただ、そのような辛辣《しんらつ》な分析も、すべて日本が良くなって欲しいという思いが根底にあるということをぜひご理解いただきたいと思います。

三〇〇年続いた日本企業の改革に成功して感じたのは、

「やるべきことをやれば日本の組織は劇的に改善する」

ということです。

これはそのまま「日本」という国にもあてはまります。みなさんの国にはまだまだ改革の余地がある。つまり、〝伸びしろ〟があるのです。

変わるためには、なにをすべきか。私の分析を、この問題を考えるきっかけにしていただきたいのです。

英国人という余所者《よそもの》の私が経済にとどまらず、文化のことまで論評するということに抵抗がないわけではありません。しかし、それらが日本のみなさんと、私が愛する「日本文化」を守るために役にたつと信じて筆をとりました。

二〇一四年一〇月

デービッド・アトキンソン

◉目次

はじめに

ゴールドマン・サックスのイギリス人アナリストが、日本の伝統文化を守る会社の社長になった理由　3

第一章　外国人が理解できない「ミステリアスジャパニーズ現象」

第二章　日本の「効率の悪さ」を改善する方法

第三章　日本の経営者には「サイエンス」が足りない

第四章　日本は本当に「おもてなし」が得意なのか

第五章　「文化財保護」で日本はまだまだ成長できる

第六章　「観光立国」日本が真の経済復活を果たす

第一章　外国人が理解できない「ミステリアスジャパニーズ現象」

日本のGDPが高いのは当然

日本をより良くするためにはどうすべきか、ということを論じていく前に、まず日本の現状というものについて正しく認識をしなくてはいけません。悪いところを素直に認めないことには、問題の本質が見えず、問題を解決して良くすることができないからです。

そこで、まずはアナリストとしてこれまで分析をしてきた「日本経済」というものからお話をさせていただきます。

最初に断っておきますが、私は日本経済を否定しようとも、肯定しようとも思いません。客観的に見ようとしています。「おかしいものはおかしいと指摘をする」という私のポリシーにのっとって率直に感じたことを指摘させていただくだけです。

まず最初に、そもそもなぜ日本は世界第二、第三の経済大国となったのか、理由を考えましょう。

経済規模の点で中国などがトップクラスに入る（表1）まで、上位各国の経済順位は、およそ人口の順位とイコールでした。今でも人口の影響が非常に強いのです。特に欧州各国の順位は完全に人口の順位のままです。世界二四二ヵ国の中、日本は人口一億を超える一一ヵ国のなかの一〇番目に位置しています。そのため、先進国の中でも平均的なGDP（国内

	人口（人）	GDP（100万USドル）
アメリカ	318,628,000	16,799,700
中国	1,366,370,000	9,181,377
日本	127,130,000	4,901,532
ドイツ	80,781,000	3,635,959
フランス	65,959,000	2,737,361
イギリス	64,105,700	2,535,761
ブラジル	203,054,000	2,242,854
ロシア	146,068,400	2,118,006
イタリア	60,762,320	2,071,955
インド	1,248,440,000	1,870,651

※GDPはIMFデータ（2013年）。人口は各国の直近

表１　GDPと人口は強い相関関係

総生産）を一人当たりで満たせば、高い順位になるのは当たり前です。第二、第三の経済大国になったとは言いますが、それは日本の技術が秀でているなどの理屈だけでは成立しません。

表1はGDPと人口を一覧にしたものですが、その相関関係は一目瞭然でしょう。

日本は第二、第三の経済大国で、一九六九年にドイツを追い抜いたのは技術力云々《うんぬん》と言われていますが、人口が多いことが主因であると言わざるをえません。イギリス人としては、フランス経済のほうが上の順位にあるというのは正直、気に入りませんが、これも人口の差ではあるので、仕方がありません。

日中韓のGDPの真相

このようなGDPと人口の相関関係は中国を見ればわかりやすいでしょう。マスコミでは「日本が中国に抜かれた、大変だ」とか「中国はただのバブルだ」とか論争をしていますが、人口一四億人もいるので、日本の一割程度の一人当たりGDPになれば、バブルでも何でもなく、日本経済より上にいくものなのです。

先日、日本は韓国経済に抜かれるかもしれないという記事を見ましたが、韓国は人口が五〇九六万五一八〇人なので、日本を抜くためには韓国人一人当たりのGDPを日本人の約二・五倍にしなければ計算があいません。日本人の一人当たりGDPの二・五倍は世界トップ一八五国中、三ヵ国しかありません。それは、マカオ、カタール、ルクセンブルクだけです。

それぞれ六一万四五〇〇人と、一九一万九九六二人、五四万九七〇〇人と極めて小さな国であり、小さいがゆえ特化した戦略でGDPが大きく世界平均を上回ることができたわけです。韓国はこのような小国ではありませんので、物理的に二・五倍にするのは不可能でしょう。

日本のマスコミの主張というのが、いかに根拠がなく、ただの感情論であるかがわかります。ある意味残念で、このようなことがあまりに批判されていないということも問題です。

高度経済成長のまぼろし

そういう意味で私が「日本経済」に感じているのは、非常に多くの誤解をされているなということです。なかでも最たるものが、日本の「高度経済成長」についてでしょう。

みなさんは戦後の日本経済が急成長を遂げた理由はなんだとお思いでしょうか。

松下幸之助や本田宗一郎のような素晴らしい経営者がいて、「メイド・イン・ジャパン」の自動車や家電が世界を席巻した。つまり、細部にこだわる日本人の職人的な「ものづくり」が大きな原動力になって日本経済を牽引した、と言う人がほとんどではないでしょうか。それはそれとして事実だと思います。ただし、それが日本の高度経済成長にどれくらい貢献をしていたのかを見る必要があります。

アナリストの視点から見ると、残念ながらそれは妄想であるとしか言えません。数字から見れば、日本が戦後に急激な経済成長を果たしたのは「爆発的な人口増」があるからです。

さらに、聖域にふみこんでいきます。これも現実を直視するためです。国内外の経済史を見ると、日本の高度経済成長の凄さが取り上げられることが多々あります。

特に海外では、その秘訣は旧財閥、日本人がよく働く、社会制度にあるなどなどと説明されています。ドイツを一九六〇年代末に抜いた時には、技術大国ドイツを抜いたから日本の技術のほうが優れているというような考え方が「常識」とされるようになり、今も当たり前のように語られています。

これからご紹介するのは、だれも見たことがない分析だと思いますが、これは客観的になぜ日本がドイツを追い抜くことができたのかを整理したものです。

表2の中段をご覧ください。これはOECD（経済協力開発機構）のドル基準実質GDPの購買力平価換算で、一九三九年の上位七ヵ国を列挙し、その後の変遷を示したものです。これを見ると、実は日本は一九三九年に、すでに世界第六位だということがわかります。

それが第二次世界大戦によって経済規模が大きく減少していくのですが、一九四五年から二〇一三年まではGDPは四九・六倍に増えています。一方、ドイツを見ると、一八・七倍にしか増えていません。

これだけを見ると、日本経済はドイツ経済を追い抜いたという結論になりますが、一人当たりのGDPでは日本が一八八一ドルに対して、ドイツは二九八九ドルと明らかにドイツのほうが高いのです。

もうおわかりでしょう、一人当たりで換算をすると明らかに少ないにもかかわらず、日本のGDPが多いのは、人口がドイツよりも圧倒的に増えたということなのです。つまり、表

	人口	(人)
	1945	直近
アメリカ	139,928,165	318,628,000
ロシア	109,300,000	146,068,400
イギリス	49,190,000	64,105,700
ドイツ	65,137,274	80,781,000
フランス	40,506,639	65,959,000
日本	71,998,104	127,130,000
イタリア	45,415,000	60,762,320

		GDP	
	1939	1945	2013
アメリカ	864,010	1,646,690	16,799,700
ロシア	430,310	333,660	2,118,006
イギリス	286,950	331,350	2,535,761
ドイツ	241,100	194,680	3,635,959
フランス	198,940	101,190	2,737,361
日本	196,040	98,170	4,901,532
イタリア	151,090	85,430	2,071,955

IMFのデータをもとに作成。ロシアは2013年以外は旧ソ連時の数値、単位は100万USドル

	GDPの増減	(%)
	1939–1945	1945–2013
アメリカ	90.6	920.2
ロシア	−22.5	534.8
イギリス	15.5	665.3
ドイツ	−19.3	1,767.7
フランス	−49.1	2,605.2
日本	−49.6	4,865.6
イタリア	−43.5	2,325.3

表2　GDPの購買力平価換算

を読み込めばわかる通り、日本の人口をドイツと同じ伸び率にして、今現在の一人当たりＧＤＰで計算をすれば、日本経済がドイツ経済を抜き去ることもなかったのです。

終戦を迎えた時点でおよそ七二〇〇万人の人口だった日本は、そこから爆発的に人口が増えていきます。

このように人口が急激に増えたことにくわえ、日本は空襲を受けて大都市は軒並み焼け野原になったということも関係します。戦前において、すでに先進国としての経済基盤を確立していたうえ、「復興」に向けて建築物やインフラ整備が急がれ山ほど仕事がありました。人口も増えて、仕事もある。これでＧＤＰが急成長をしないほうがおかしいのです。

このような経済学の常識を日本人はなかなか認められません。

バブルの時、私が会った経済人たちの多くは「日本はいずれアメリカにＧＤＰで勝つ」と勇ましいことを言っていました。私が「それは無理でしょう」と意見を述べると、「あなたは欧米人だから感情的に否定している」なんて批判されたものですが、そうではありません。

一億二〇〇〇万人の先進国が三億二〇〇〇万人の先進国とＧＤＰで勝負をしても追い抜けるわけがありません。それは二億という「数字」の開きが証明しているのです。

ですから、一四億の人口を擁する中国のＧＤＰがアメリカを追い抜いて世界一になるというのは時間の問題だと思っています。認めたくない人たちは、中国では貧富の差があってとか共産党一党支配が不安定だとかいろいろ理屈を並べますが、一四億という圧倒的な人口の前ではなんの関係もありません。

しかし、このような話をすると、多くの日本人は眉をひそめます。日本の高度経済成長というのは、今日よりも明日が良くなると信じてひたむきに働き、技術立国をつくりあげた先人たちによって生まれた「日本でしか起きなかった奇跡」である、というようなことを主張する方が非常に多いのです。

自分たちを特別な存在だと思いたいのはよくわかります。が、それが「サイエンス」に基づいたものでなければ単なる「願望」でしかありません。無分別に信じ込むという意味では「信仰」と言ってもいいかもしれません。

日本の人口の増加率がドイツのそれに勝《まさ》れば、経済の成長率も勝るのは科学的にも説明がつきますが、「日本の技術がドイツの技術に勝った」というのは、数字として証明できません。つまり、この時点で多くの日本人が抱いた「日本がドイツを追い抜いて世界一の技術立国になった」というのは実はなんの科学的根拠もない信仰なのです。

都合のいい話をくっつける議論

ただ、ここでひとつ誤解を招かないように言っておくと、私はなにも日本に技術がない、などと主張をしているわけではないということです。

日本企業に技術があるかないかと聞かれたら、迷わず「ある」と断言します。トヨタやホンダやナショナルという「メイド・イン・ジャパン」が信頼のブランドとして確固たる地位を築いたことも揺るぎない事実です。ただ、それだけで日本経済のすべてを説明するというのが「妄想」だと申し上げているのです。

日本の高度経済成長の要因が先進国の中でもまれにみる圧倒的な人口急増だったということは、「数字」でも証明されています。にもかかわらず、そちらの因果関係は無視をして、「日本人は技術が高い」という耳当たりの良い話と強引に結びつける。つまり、「自分たちの望む結論へ導くため都合のいい話をくっつける」という傾向がよくみられるのです。

ポジティブシンキングというのともちょっと違います。認めたくない現実から目を逸らして、都合のいいデータ、情報にすぐに飛びついているという感じです。

だからでしょうか、技術で経済成長を語るように、とにかく経済において「シンプルアンサー」を求め過ぎるきらいがあります。その象徴が「アベノミクス」への反応でしょう。

二年で成果のでる経済政策はない

「アベノミクス」という言葉があらわれてから二年が経過しようとしています。新聞や経済記事では未だに成功するのかとか、期待するとかしないとか議論になっていますが、私からすればそんな議論を二年間も続けていること自体ナンセンスです。

現在、日本のＧＤＰはおよそ五〇〇兆円。人口は一億二〇〇〇万人を超えています。世界を見渡してもこんな規模の国家というのは数えるほどしかありません。たとえるなら、ものすごく巨大な船なのです。

小さな船ならば右に舵《かじ》をきればすぐに右に曲がります。戦後の焼け野原で、ＧＤＰが半減した日本で経済政策を打ち出せば、すぐにその結果がでたことでしょう。

しかし、巨大な「船」である今の日本はそうではありません。舵をきってもすぐに反応せず、様々な動力機関を伝わって徐々に右へと曲がっていきます。それと同じで、今の日本にどんなに天才的なリーダーがあらわれようとも、どんなに大胆な改革に着手しようとも、わずか一〜二年で目に見える成果などでるわけがないのです。

それは歴史も証明しています。イギリスのマーガレット・サッチャー首相だろうが、アメリカのロナルド・レーガン大統領だろうが、先進国の経済を上向きにさせるまでは五〜七年はかかっています。まず徹底的にマイナス面を出し切って、改善して、そこからようやく経済が上向いていくという非常に長いスパンの話なのです。

それにもかかわらず、一年も経っていないのに「副作用」だとか、経済拡差が広がったとか大騒ぎするというのは、経済というものを甘く考えているとしか思えません。

これに手をつけたら、すぐに結果がでてバラ色の未来が待っている、というような「シンプルアンサー」を求めている人があまりにも多いような気がしています。

「シンプルアンサー」が大好き

ただ、そのような日本人の気質は、「アベノミクス」自体にもよくあらわれているのではないでしょうか。「三本の矢」とか「成長戦略」というスローガンをしきりに打ち出していますが、このようなシンプルアンサーだけで経済が良くなるとは到底思えません。

「三本の矢」というのは証券業界でいうところの「打ち上げ花火政策」と呼ばれるものだと私は見ています。その場では華々しい言葉を打ち出して、なにかやっているような印象を与えるが、いつの間にかどこかへ消えていく。

その代表が「日本版ビッグバン」（一九九〇年代後半の金融システム改革）でしょう。

イギリスの金融界のビッグバンを手本にして、日本を国際的な金融市場にしようというかけ声は素晴らしく聞こえますが、結果はでていませんし、規制緩和も中途半端でした。

残念ながら、アベノミクスもこの「打ち上げ花火政策」と同じようなにおいがしているのです。五〇〇兆円のGDPを成長させるのはたやすいですが、五〇〇兆円のGDPを成長させるというのは容易ではありません。一パーセントにしても五兆円です。

たとえば、農業に力を入れますというのはわかりますが、どんなに力を入れたとしても日本のGDPの一パーセントしか占めない産業で経済成長を果たせるとは到底思えません。

五〇〇兆円規模の経済が、

「聖域なき改革をやります。そのためのプロジェクトチームを立ち上げます」

なんてかけ声だけで急激に改善されたらこんなラクな話はないでしょう。経済というものは、ダメな部分をひとつひとつ潰《つぶ》していって、それでようやく徐々に上がっていくものなのです。

よくまわりから、「デービッドさんが現役だったらアベノミクスをどう分析しますか？」という質問をいただきますが、私から見ると、高度経済成長期から続けてきた日本の今までの経済政策とほとんど変わらないという印象です。

農協解体や混合診療など既得権益の部分にも手をつけているじゃないかという指摘もありますが、

「ここに手をつけても良くなるかどうかわからない」という、実に日本人らしいシンプルアンサーを求める人たちによって猛烈な反対にあって結局は骨抜きにされています。

「すぐに良くなる」「すぐに悪くなる」という単純明快な「シンプルアンサー」を求めている限りは経済改革というものがうまくいくわけがないのです。

不良債権のウヤムヤ

このようになんでもかんでも反対という風潮は、銀行の不良債権問題の時となにも変わっていません。

「はじめに」で申し上げましたが、私たちは銀行や大蔵省が認める以前から、銀行の不良債権というものがとんでもない額に達しているということを「数字」から導き出していました。最後の試算では一〇〇兆円にも及ぶということがわかっています。

これだけの額ですから当然、ひとつやふたつの不動産を吐き出すくらいでは片付けられません。しかし、持っていたところでなにも改善されませんので、とにかく不動産を吐き出すことを銀行に勧めました。

更地《さらち》で誰も利用できない土地を抱えているよりも、吐き出せば誰かが付加価値を生んでくれます。日本人というのは優秀だと私は思っていますので誰かが知恵を絞って、いろんな施設を建てたり、開発したりすると考えました。

しかし、多くのアナリストや経済評論家は私の意見を「とんでもない」と猛烈に反対をしました。ゼロサムゲームでそんな提案をしても誰も土地を利用できない、だから出さないほうが良いと言うのです。

なにもしないほうが事態が悪化するのは明らかです。なぜこの国の経済人たちは「これをしたら確実にバラ色の未来が待っている」みたいなシンプルアンサーにしか道を見出そうとしないのか、と大いに疑問を感じたものです。

この「なにもしない」ということがどういう事態を招いたかはみなさんもご存知のとおりでしょう。

銀行は最初の十年以上、引当金を積むだけで、借り手の整理や不動産担保の最終処理を拒否していました。ただ単に、銀行の会計上のもので終わって、何かをやっているように見せかけただけでした。

結局、銀行を救済するために四六兆円もの公的資金が注入されました。

ミステリアスジャパニーズ現象

論理的に考えれば、明らかに答えは出ているにもかかわらず、そこから目を逸らす。いろいろな理由をこじつけて何もしない。

このような日本の経済人の姿は私からすれば不可解という一言に尽きます。それは他の外国人も同じのようで、外資系企業で働く外国人の間では、このような言葉があります。

ミステリアスジャパニーズ現象

どんなものかをご説明するため、私が最初に驚いたミステリアスジャパニーズ現象を例に出しましょう。昔、あるメガバンクが富裕層向けのプライベートバンキング部門を新設すると言い出して、私もアナリスト向け説明会に招かれました。

頭取がプライベートバンキング部門にいかにコミットしているのか、いかに期待をしているのかということを切々と訴えるなかで、私はその部門にいったいどれだけの人員を割《さ》きますかという質問をしました。答えは「五人」とのことでした。

数万人規模の組織のなかで、どんなに優秀な人間だろうとも五人で稼ぎ出せるものなどたかが知れています。私のなかで、この発表は評価に値するものではないと判断をしました。

ところが、日本人のアナリストたちはみなこの発表をうけて「買い推奨」を出したのです。

日本興業銀行の「神秘」

あの発表のどこに「買い」をうたせるだけの根拠があるのかを尋ねてみると、彼らはみな口々にこんなことを言うのです。

「あの頭取があそこまで期待を口にするなど珍しい」
「頭取の目つきがいつもと違っていた」

たしかに頭取だから客観的に見てあまりにも小さな話を大袈裟に言っていることは考えづらいということもあると思いますが、なによりも世界第二の経済規模まで成長した国なので「きっと深い何かがあるに違いない」と大目に見てしまうのです。

非科学的なことを大真面目に語る日本人を見て、これが噂に聞くミステリアスジャパニーズ現象かと驚いたものですが、それよりも驚いたのが、日本興業銀行の頭取から言われたことでした。

日本興業銀行といえば、明治維新後の重工業の発展や、第二次世界大戦後の復興と高度経済成長を金融面で支え、現在のみずほ銀行の前身であることが知られていますが、アナリスト時代の私はこの銀行とも激しく衝突をしたのです。

当時の私の主張は明確で、あなたがたの役割はもう終わっているので、どこかの銀行と吸収・合併をしなければ生き残っていけないというものでした。二〇〇〇年九月二九日には、第一勧業銀行、富士銀行とともに株式移転によって、みずほホールディングス株式会社を設立しているので、この主張は正しかったわけですが、当時の頭取は私のレポートを見て烈火のごとく怒って呼びつけたのです。

そこで私は頭取に「興銀は利益も少ないし、株の含み益はあるけど、店舗は少ない、人が少ない。貸出金利鞘《りざや》が薄いのに株価がその実態を無視して高いです」と言いましたが、その答えにびっくりしたのです。

「外国人であるあなたにはわからないかもしれないが、この興銀の廊下の壁から、これまで日本経済を支えてきた産業界、経済界の人々のパワーが出ている。それが利益に反映されていないだけだということが、株が高い理由です」

一人当たりの購買力平価GDP

ここで誤解をしていただきたくないのは、私はそのような先人たちの「思い」がくだらないとか、そういう精神性を重んじる日本人が愚かだとか言いたいのではないということです。

銀行経営という数字の話をしているのに、強引に精神世界の話に結びつけてしまうと、物事の本質が見えなくなってしまうということを危惧しているのです。

物事の本質から目を背けるということは、改善しなくてはいけない現実から目を背けることでもあります。つまり、ミステリアスジャパニーズ現象というのは自分自身のことがわからなくなる、客観性を著しく失ってしまうという問題をはらんでいるのです。

事実、今の日本でも日本人に耳当たりの良い数字はたくさん取り上げられますが、都合の悪い数字というものは一切報じられません。

その象徴が、「国内総生産（一人当たり・購買力平価換算）」の国際比較です。

GDPが世界第三位というのは、いろんな場面で取り上げられますので、日本人の多くは自国のことを世界でもトップレベルの経済大国だと信じて疑いません。しかし、先ほども述べたように、一国トータルのGDPというのは人口の多寡が大きく影響をしています。

自分たちにはあまりその意識がないかもしれませんが、人口一億二〇〇〇万人という大国である以上、大きな間違いを犯さない限りは、高いＧＤＰを維持できるものなのです。

では、これが一億を超える人口によるものだとしたら、本当の意味で日本の生産性を測る指標とは何でしょうか。それが、「購買力平価で見た一人当たりの国内総生産」なのです。

「効率の良さ」は世界で二五位

この数値というのは、一人当たりの生産最終財やサービスの価値を、ＰＰＰ（購買力平価）を用いて計算したもので、簡単に言えば、国民一人当たりがどれだけ生産性が高いのかの実質比較を示したもので、ＩＭＦ（国際通貨基金）や世界銀行が調べて公表しています。

もし多くの日本人が信じているように日本が「技術立国」であるのなら、ＧＤＰ同様にこの数値も上位にランクインしていなくてはいけないはずですが、現実にはかなり衝撃的な数字が並びます。

表3をご覧ください。これは国ごとに一人当たりの購買力平価ＧＤＰを並べたものです。上から見ると日本はなかなかあらわれず、二五位になってようやくあらわれます。

なぜここまでガクンと下がるのか。

それは上位を見ればわかります。カタール、ルクセンブルク、シンガポールなどは経済の

	一人当たりGDP	人口（人）
－ マカオ	142,564	614,500
1 カタール	131,758	1,919,962
2 ルクセンブルク	90,970	549,700
3 クウェート	85,660△	3,065,850
4 シンガポール	78,744	5,399,200
5 ブルネイ	71,759	393,162
6 ノルウェー	65,461	5,137,679
7 アラブ首長国連邦	58,042△	9,446,000
8 サウジアラビア	53,780	29,994,272
9 スイス	53,705	8,160,900
－ 香港	53,203	7,219,700
10 アメリカ	53,143	318,628,000
－ バミューダ	53,030△	64,237
11 オーストリア	44,168	8,527,230
12 オマーン	44,052	4,031,465
13 バーレーン	43,824	1,234,571
14 オーストラリア	43,550	23,582,400
15 スウェーデン	43,455	9,694,194
16 オランダ	43,404	16,865,900
17 ドイツ	43,332	80,781,000
18 アイルランド	43,304	4,593,100
19 カナダ	43,207	35,427,524
20 デンマーク	42,790	5,639,719
21 ベルギー	40,338	11,203,787
22 アイスランド	39,996	327,050
23 フィンランド	38,251	5,462,939
24 フランス	36,907	65,959,000
25 日本	36,315	127,130,000
26 イギリス	36,209	64,105,700

世界銀行；2013年の一人当たりの購買力平価GDP 。△印は2012年のもの；単位はUSドル
※国ではない領地などはランキングから除く

表3　小さい国の一人当たり購買力は世界ランキングの上位に

効率性の良さのわりには圧倒的に人口が少ない国です。マカオもカジノによって大きな収益をえている一方で、非常に小さな国です。一〇位あたりにようやくアメリカという大国ができます。

ドイツは技術大国として知られていますが、日本よりも上位にいます。「世界一の技術大国」だと言うのならこの二国のあたりに肩を並べていてもおかしくないはずですが、日本は大きくランクを下げています。なぜでしょう。

答えは簡単です。先ほどから申し上げているように、世界一の技術を誇る業界はありますが、だからと言って、すべての業種に当てはまるとこじつけてはいけません。こうして「平均」を見ると決して良くありませんが、もちろんここには大きなチャンスがあるのです。

弱点の改善なしに「成長」はない

GDP世界第三位という誇らしいデータは事あるごとにふれまわるくせに、このような厳しい現実を示すデータは一般の日本人にはほとんど知られていません。

いや、仮に出されることがあっても、「日本の技術力は数値だけでは浮かび上がらない」とか「日本人の作業生産性が低いのは、弱者を切り捨てない和の精神ゆえだ」なんて反論がくるでしょう。これこそまさしくミステリアスジャパニーズ現象です。

それまではそれでやっていけたかもしれませんが、これからの日本では難しいというのが私の考えです。ご存知のように、日本は急速に少子高齢化がすすみ、人口が減っていきます。ということは、なにもしなければ日本のGDPは下がっていく一方なのです。

GDPを持ち上げる、つまり経済成長を果たしていくためにはどうするのか。産めよ増やせよというスローガンを叫ぶというのは現実的ではありません。外国人労働者を増やすというのも、外国人にとっては栄進するキャリアの可能性がきわめて少ない今の日本では、やはり難しいでしょう。ならば、残された道は何なのか。

今の人口構成のなかでやるべきことをする。それがアベノミクスの柱のひとつである「ウーマノミクス」です。

ウーマノミクスの実情

実は私が勤めていたゴールドマン・サックスではかねてより、ウーマノミクスの経済効果を分析して推奨してきました。

その分析によりますと、ウーマノミクスを実行すればGDPを最大一二・五パーセントも押し上げる効果が期待でき、併せて七一〇万人の新規雇用が見込まれるのです。

しかし、これが実行されるには、社会への女性就業率が男性就業率に接近していくことが大前提です。二〇一三年において、日本社会の男性就業率が八〇・六パーセント。対して女性就業率が六二・五パーセントでした。これが男性並みに増加した場合、七一〇万人の新しい雇用とGDPに対して一二・五パーセントの成長余地があるというのです。

そこで問題になってくるのが、男性就業率と同じ女性就業率という前提です。世界銀行のデータによると、女性就業率と男性就業率が同じ国というのは、世界で四ヵ国しかないのです。しかも、その四ヵ国はすべてアフリカにある。ゴールドマン・サックスの分析でもOECDの分析でも、日本よりも女性就業率の高い先進国は少なくないものの、数千万人以上の人口の国で女性就業率が七〇パーセントを超えている国はひとつもありません。

ゴールドマン・サックスは他の先進国も同じ政策を実施した場合、一二パーセントの成長余地があると分析をしています。つまり、女性の就業率ということで言えば、日本は他の先進国と比較してそれほど変わらない状態にある、そもそもたいして劣っていないということです。

他の先進国でも実現できていないという現状も考えれば、このウーマノミクスに期待できる効果はそれほどではないと私は考えています。

もちろん、あくまで仮定の話なのでいちいち目くじらをたてる必要もないかもしれませんが、実現の可能性がきわめて低い数字を「国策」にするというのはいかがなものでしょうか。

つまり、日本の女性就業率が他の先進国と比較して多少低いというのは事実ですが、これを諸外国並みに引き上げたとしても、実は期待できる効果はそれほど大きくならないのです。

さらに言えば、諸外国では女性就業率を高めるのに伴って、Mancession（男性不況）が起きているということも無視できません。

女性就業率を高めたら男性就業率が低くなるというゼロサムゲームではないので、男性がただちに失業するということではないですが、かといって、男性の雇用に対する影響がゼロということではないのです。事実として、女性就業率の低い国は男性就業率が高く、女性就業率が高くなっている国では、人口の少ない国を除いては、男性就業率が下がる現象が確認されています。

ちなみに、日本は世界一七八ヵ国の中で、女性就業率は七二番目ですが、男性就業率が三三番目。また、先進国の中で日本は女性就業率が一〇番目ですが、男性就業率が二番目となっています。

ここで誤解をしていただきたくないのは、私はなにもウーマノミクスを否定しているのではないということです。ゴールドマン・サックスの分析した「一二・五パーセント成長」という、現実には無理のある効果を期待するのではなく、安倍総理が進めている「女性の重要ポストへの積極登用」などのほうが重要だと申し上げているのです。

女性が出世して活躍するような社会になれば、いまのように行き詰まった男性社会に新しい価値観を導入することができ、日本が抱える「作業生産性が悪い」という課題が解決の方向にすすんでいくかもしれないのです。

女性の就業比率を高める余地はあります。しかし、単に社会に出ていただいてもしかたがありません。その就業比率に付加価値を生んでいくためには、どんな仕事をしてもらうか、という「中身」のほうが大切なのです。


他国よりも明らかに劣っている部分を改善する。


その必要性を「購買力平価で見た一人当たりの国内総生産」が示しています。日本人一人当たりの生産性というのは私の母国・イギリスと同じくらいですが、日本の潜在力を考えると低い。つまり、効率が悪いのです。

この現実から目を背けることなく直視したうえで、「じゃあどうすれば効率が良くなるのか」ということをつきつめることは、日本にとって非常に大きな成長を生むことにつながります。二五位という現実をポジティブに考えれば、この分野はまだまだ成長できる要素があるということです。

輸出入業にも大きなチャンス

バブル時代に多く取り上げられていたのが日本の貿易黒字でした。あまりにも大きくなり、貿易摩擦が酷《ひど》くなったため、日本へのバッシングが凄い時代でもありました。

その貿易黒字をもって、日本が貿易大国であると言われて今でも信じられています。これも「現実」を見ましょう。

確かについ最近までは日本の貿易黒字が大きかったのは事実です。しかし理屈上、「貿易大国」というのは黒字額が大きいだけでは決まりません。輸出額が他国に較べて小さくても、輸入額より大きければ当然黒字が大きくなりますが、それは「貿易大国」とは呼びません。

世界銀行の二〇一三年の数字によりますと、日本のＧＤＰに対する輸出量が一五パーセントでした。割と安定的に推移していますが、二〇〇ヵ国以上の数字の中で下から八番目ということが調べてみてわかりました。これはあまりにも衝撃的な数字です。

東日本大震災前の輸入量は一二パーセントで、世界銀行が集めている国の数字の中、下から二番目でした。二〇〇ヵ国余りの中であまりにも少なかったので、黒字はGDPに対して大きくなっていますが、これで「貿易大国」というのは無理があります。日本経済は絶対量が大きいので、相対的に弱くても、絶対量で見ますと、世界トップクラスです。

たとえば、アメリカのＣＩＡによりますと、日本の輸出額は世界で五番目でした。とはいえ、世界のなかで三・九パーセントで、中国の三一・五パーセント、ドイツの四六・七パーセントしかありません。韓国に比べると一・二五倍ではありましたが、日本の国力を考えたら、これもあまりにもショックが大きい数字です（表４）。

日本の品質や技術、教育等を見れば、この輸出量というのはありえません。そのうえ、明らかに自動車産業に偏っており、厳しく言えば、他の業種は手を抜いているとしか思えません。

そんな手抜きのひとつが今注目されている観光業です。外国人を対象とした観光業は国内を消費してもらうという考え方なので、「輸出」としてカウントされます。

後ほど詳しくお話をしますが、観光業はＧＤＰに対しての貢献度合いが世界的に九パーセントと推定されているのに対して、日本は二パーセント強と言われています。正しい戦略で、かなり大きな結果が出せる分野でしょう。

	輸出額	シェア
世界	177,790	100.0
中国	22,100	12.4
EU	21,730	12.2
アメリカ	15,750	8.9
ドイツ	14,930	8.4
イギリス	8,132	4.6
日本	6,970	3.9
フランス	5,786	3.3
オランダ	5,769	3.2
韓国	5,573	3.1
ロシア	5,150	2.9
イタリア	4,740	2.7
カナダ	4,587	2.6
スペイン	4,580	2.6
香港	4,564	2.6
シンガポール	4,103	2.3

CIAのデータをもとに作成；2013年の輸出額；単位は億USドル

表4　世界各国の輸出額ランキング

世界第八位の経済になる危険性

ただ、輸出入に関しては、日本は国際社会の暗黙のルールをこれまで守ってきていません。

それは、「輸出を増やした場合、可能な限り輸出入均衡を保つ」ということです。アメリカが貿易摩擦時代、日本にしつこく内需と規制緩和を求めていたのはその「ルール」を外交的に表現していたのです。

日本では輸入は売国行為であるという考え方が昔から言われており、何でも自前で、海外から輸入するものを極力減らしたいという思いがあります。

明治時代からの遺産でしょうが、その考え方は古すぎて、経済に対してマイナスの影響を与えています。輸入をする行為にも、利益、雇用、波及効果などかなりのプラス面もあります。ただ感情的に売国と批判するのは御都合主義でしょう。なぜなら、自国の貿易黒字のためには、他国の赤字が必要だからです。全世界の国々が売国行為だから輸入しないと言ったら、日本の輸出産業は成り立ちません。

個人的には、輸出入によっていろいろな交流が生まれ、国内の刺激になると同時に、輸出入行為によって観光業もかなり伸びるのではないかという仮説を立てています。未だ証明できていませんが、今後も是非調べ続けたいと考えています。

人口が減少している今、日本経済はすでに世界第四位まで転落してきています。二〇一四年六月に発表された数字でインドの経済を購買力調整すると、もはやGDPが日本を上回っています。中国経済は購買力調整で日本を上回って、発展によってインフレが起こりますので、名目GDPが後に付いてきます。インドの名目GDPが、日本を上回るのはもはや時間の問題でしょう。

計算上、「効率の良さ」というものをつきつめず、このまま放置していると、世界第八位くらいまで落ちてしまう可能性が高いのではないでしょうか。

私自身、このデータを分析してから、なぜ日本人の生産性が低いのか、ということについて考察をしてきました。そこで次章からは、日本人の効率を悪くしている「元凶」についてお話をさせていただきます。

第二章　日本の「効率の悪さ」を改善する方法

「効率の問題」の正体

日本に初めてやってきた時から、日本人の「効率の問題」というのは気になっていました。それをやれば問題が解決するというのになぜかやらない。やるべきだと進言をしても、それを受け入れてくれない。そんなもどかしさを数えられないくらい感じてきました。

そのうち、なぜこのようになってしまうのかという原因を追求するようになりました。前章でお話をしたミステリアスジャパニーズ現象ではありませんが、ここまで日本人が効率が悪いというのは、私のような外国人では測り知れない日本人ならではの理由があるのではないか。そんな風に考えるようになったのです。

日本人の考えを少しでも知ろうと、この二〇年間、経済人に限らず、いろいろな日本人と話をしてきました。学者の先生、和尚さん、茶道、建築関係、京都で知り合った方たち……、自分の意見を言って、相手の考えも聞く。それは違うのではないかということは遠慮なく反論もさせていただきましたし、逆に「なるほどなあ」と思うところは素直に吸収させていただきました。

もちろん、中には議論が白熱するあまり、ボロクソに言われることもあります。「君の存在自体がしゃくにさわる」とか「日本人をバカにするな」とか怒ってしまう方もいます。

ただ、そんな苦労の甲斐もあってなんとなく私なりに日本人の「効率の悪さ」というものの正体がぼんやりと見えてきました。

それは「数字に基づいた分析と、細かい改善をしない」ということです。

どのようなことかわかっていただくため、私が「小西美術工藝社」でおこなった改善についてお話ししましょう。

文化財の漆の七割に「中国産」

「はじめに」で申し上げたように、私たち「小西美術工藝社」は全国にある文化財の漆塗《うるしぬ》りや彩色の修繕などを請け負っているので、日本全国の神社、お寺、その土地土地の行政とおつきあいがあります。

そのような関係のなかで私が今、最も力を入れて行政や文化財を所有するみなさんに訴えているのが、「漆」にまつわる話です。

ご存知のように、漆とは漆の木から採取した樹液を加工したもので、塗料としてはもちろん接着剤の役割も果たすことから、日本の美術品や工芸品だけではなく、文化財の保存修理にも用いられています。

まさしく日本文化には必要不可欠な存在と言ってもいい「漆」ですが、実は日本で消費されている九割以上は日本産の漆ではありません。中国でつくられた「中国産漆」なのです。

「小西美術工藝社」は「社寺建造物美術協議会（社美協）」という選定保存技術［建造物装飾］認定団体に所属しています。文化庁による認定ですが、その中でも一番規模の大きい会社です。この団体は漆塗り、彩色、丹塗《にぬ》り、錺金具《かざりかなぐ》の業者、一七社から構成されています。二〇一四年におこなった分析によると、社美協の業者が主に国指定国宝重要文化財を所有する神社仏閣の修理に使った漆のうち、中国産は全体の七五・七パーセントを占めていました。

まさしく食品などと同じことが起こっているわけですが、当然この傾向は文化財の世界にもあてはまります。「国宝」や「重要文化財」などに指定されているようなお寺や神社でも七〇パーセントの中国産漆と三〇パーセントの日本産の漆を混ぜて、用いられているのです。江戸幕府を開いた徳川家康ゆかりの日光（栃木県）の東照宮、そして二荒山神社と輪王寺だけは一〇〇パーセント日本産です。二〇一五年の家康公四百年祭に向けての平成大修理の最中なので、全国の文化財に使われている日本産の量が増えていますが、それでも全体の文化財事業に占める日本産漆は三五・七パーセントでした。

当たり前の話ですが、これらのお寺や神社が建設された当時つかわれていた漆は基本的にすべて国産のものでしたが、明治時代になってから価格の安い外国産漆が入ってきたことで、こちらのほうが国産のものに取って代わってしまって現在に至っているというわけです。

「国産漆」と「中国産漆」の差

価格が高いのだったらしかたがないと思うかもしれませんが、近年になってこの現状に変化が起きつつあります。中国の経済成長にともない人件費が高騰し、中国産漆もかつてほど安くなくなってきているのです。

差がなくなっているとはいえ、国産は材料単価としては中国産の五倍から七倍はします。とはいえ、漆塗り修復の総事業費の大半は塗る職人の賃金です。つまり、材料費はそんなに構成比として高くないのです。

実際、国産漆に替えることで中塗りと上塗りでは事業費は五パーセントくらいしか上がらないのです。入札によって余る予算よりかなり少ないです。

事業費はほぼ変わらない。それでも少しでもコストがかからないのなら中国産をつかうべきという意見もあるかもしれませんが、私としては「国産漆」を積極的につかうべきだと考えています。

安いものが入ってきて、それに替わるというのは、かつて私が身を置いた「経済」の世界からすれば当然とも言うべき話ですが、「文化」という観点から見ればそれは好ましくありません。

植林の補助、職人の研修、たとえ、俗に言う人間国宝制度で保護したとしても、需要がなければ産業として衰退していきます。衰退している世界に入ろうという人も少なくなりますので、技術が継承されません。つまり、「後継者不足」から、その「文化」が途絶えてしまうのです。事実、国産漆の世界では漆樹の栽培はもちろん、漆樹を傷つけてその樹液を採取する「漆掻《か》き」を生業《なりわい》とする「掻き子」という職人も減っています。

漆文化という伝統を守る、「漆掻き」という技術を後世に継承する、ということを考えれば、国産漆をつかうほうが良いことは言うまでもないでしょう。誇るべきものでしょうし、歴史を守る意味合いも極めて大きいです。

日本産一〇〇パーセントの漆と職人によって美しく彩られた文化財の「ストーリー」が外国人観光客にウケることは間違いありませんし、日本の職人技を世界にアピールすることによって、漆器などは十分に売り物になるでしょう。「国産漆」は日本にとってはメリットばかりなのです。

「国産漆」の使用をシブられる

そこで、私たち「小西美術工藝社」は文化財補修に関して、中国産漆から国産漆に切り替える運動をおこなってきました。私が経営者になってからは特に力を入れており、文化庁などあちらこちらに提案をしていました。

何度でも提案をしました。

最初はそんなに追加的なおカネがかからないと言えば、「ひとつの事業費ではなく、国全体でいくらになる?」と言われて、計算をしました。「供給は間に合うか?」と心配され、それも調べました。「なら、品質はどうなのか証明して欲しい」と言われましたので、日光社寺文化財保存会に協力をお願いして、素晴らしい報告書を作成していただきました。

ある意味で当然な分析だとは思いましたが、はたして事前にこれが全部必要なのかと疑問に思いました。ちなみに、全国の国宝・重要文化財建造物の修理予算は約八一・五億円ですが、中塗りと上塗りを日本産に替える追加予算は三七〇〇万円です。下地まで日本産をつかったとしても、一億二〇〇〇万円弱の追加予算です。

さて、いろいろなハードルをクリアしたので、具体的な話になるのかと思い、今度修理する神社仏閣では一〇〇パーセント国産漆にしませんかと聞いてみました。しかし、各方面からの答えは意外なものでした。

「メリットがあるのは十分承知していますが、日本産にするとなるといろいろ手続き上のことがあるからやめておきます」

下村文部科学大臣の「決断」

実はこれには後日談があります。友人の御縁で、社美協の分析を下村博文文部科学大臣に見せる機会を得たのです。大臣にご説明をしましたら、なんと翌日から文化庁が検討を始めてくれたのです。また、偶然にも同じタイミングで、その後に知り合った「結いの党」(当時)の林宙紀《ひろき》議員も国産漆の使用に関して国会質問をしたのです。

このような動きのなかで、文化庁の青柳正規長官にも動いていただき、日本産漆を文化財に使う方針が固まりつつあります。私たちが工事している最中の、宇佐神宮(大分県)の漆塗りに関しても、五〇年に一回の工事ということで、大分県選出の岩屋毅議員にもご協力をいただきまして、中塗りと上塗りを日本産に替えていただきました。

私事で恐縮ですが、今この文章を書きながらも、嬉し涙がこぼれます。

二〇一五年から全国の指定文化財の漆修理は取り敢えず中塗りと上塗りは日本産がつかわれることとなり、行く行くはすべてが日本産に替わると言われています。一般的に知られなかった事実が大臣に届いて、素晴らしいご決断と実行能力によって歴史的な変化が生まれました。文化財建造物保存技術協会の今岡武久氏はじめ、関係していただいた皆様に、この場を借りて、深く御礼を申し上げます。

職人技にバラつきがある理由

このように数字に基づいた分析をおこない、細かい改善をひとつずつすすめていけば、成果というものは必ず現れます。

日本社会にはまだまだ成長の〝伸びしろ〟がたくさんあるからです。それは「小西美術工藝社」の経営改革を成功させてからなおさら強く感じています。

ただ、この改革も最初から順風満帆だったわけではありません。金融や経営と異なり、文化財については私もまったくの初心者でした。「小西美術工藝社」へ入った当初は毎日が驚きの連続だったものです。

たとえば、まずびっくりしたのが職人技にも「バラつき」があるということです。「技術大国」である日本の基礎が職人に代表される伝統技術にある、ということに異論を挟む人はいないでしょう。私も、「日本人は手先が器用」だと信じて疑いませんでした。

しかし、国宝をはじめとする文化財修復の現場をまわって、多くの職人が施した修復作業を目にしていくうちに、非常に高い技術のものもあれば、そうとは言い難いレベルのものもあることがわかったのです。

いったいなぜこのようなことが起きてしまうのか、と原因を探っていくうちに、「国の予算が少ないから」という結論に至りました。後ほど詳しくお話ししますが、前述の通り全国のすべての国指定国宝・重要文化財の建造物を守るための予算はたった八一・五億円。海外と比べるとゼロが一つも二つも足りません。思わず文化庁の資料が間違っているのかと思ったほどでした。

なぜ予算が少ないといけないのかというと、文化財を守り続ける基本は、今あるものを忠実に復元し続けることだからです。

修理の際の技術レベルが下がれば、次の修理もその低いレベルを基準にするということで、修復を重ねるごとに技術が低下していきます。それを防ぐためにも文化財修復というものは一定のレベルを維持して慎重に、そして緊張感を持って行わなくてはいけません。

一定のレベルを維持するためには、当然ながら一定の予算が必要です。もちろん、受注する企業側が過当競争にならないよう、健全な競争を保てるような環境を整備することが大事なことも言うまでもありません。

定期的な検査制度がない

さらに驚いたのが、入札制度があまりに「無防備」ということです。

その代表が「最低制限価格」の扱いです。

「最低制限価格」とは、入札時に極端な低入札価格による受注を防ぐため、国交省が定めた有効な方式ですが、文化財の世界ではほとんど活用されていません。

たしかに、文化財の世界は私がかつて在籍した金融業界と比較すると「善人が多い」という印象ですが、これではやはり悪徳業者のやりたい放題になりかねません。文化財こそ本来は国土交通省が作った総合評価落札方式を導入すべきでしょう。

入札をした会社が入札金額の同等額の現場の経験や技術をもっているかという「実績」や「財務状況」などがあまりチェックされないことにも驚きました。元請け会社が債務超過であれば、修復に手抜きをおこなうリスクもあると思うのですが、「相手を信用しているから」ということなのでしょうか。

また、元請け会社の職人が正社員かどうか、現場に配置する責任者が十分に経験があるかどうかなども制度的にチェックされません。

しかし、入札制度よりも私が衝撃を受けたのは文化財の工事が終わった後、定期的な検査制度がないということでした。

検査がなければ、どんなに良い仕事をしてもそれが客観的に評価されません。評価されないということは、職人が良い仕事をするインセンティブが下がってしまうということです。もちろん、文化財の所有者に評価されるということもモチベーションにはなりますが、客観的評価がないということは極端な話、未熟な職人を安くかき集めて〝やっつけ仕事〟をするという悪徳業者を野放しにしてしまうということではないでしょうか。さらに言えば、そのような手抜きをした業者も、次の修復時になに食わぬ顔をして入札に参加できてしまうという問題もあるのです。

意外と「老舗」が少ない

検査制度がない弊害はほかにもあります。

先日、未指定ではありますが、文化財級の価値のある江戸時代の門の修復工事の入札がありました。受注したのは、まだ数年しか歴史のない若い会社へ下請けをする予定で、神社仏閣の小さな仕事以外はこのような外部の漆塗りをした実績はありません。職人をかき集めて初挑戦をするということです。

もちろん、成功するかもしれません。ただ、やはり社会の共通の財産であり、後世に残すものなのですから、そのようなバクチ的な選定方法ではなく、「過去の実績」などのなにかしらの客観的な基準も必要ではないでしょうか。

そのような話をしていると、老舗《しにせ》企業だから新規参入を排除して既得権を守りたいんじゃないのかと思われてしまうかもしれませんが、そうではありません。

弁護士でも医者でも、自動車運転でも証券取引でも、なにかしらの免許などの資格が必要です。しかし、文化財を直すのにはなんの資格も必要ありません。要は誰でもできる仕事であるがゆえ、老舗だからといってなにか既得権益があるわけではないのです。

事実、伝統技術が受け継がれる文化財の世界には、もう老舗企業というのはほとんど残っていません。「小西美術工藝社」も私が経営にかかわる前、何度も倒産の危機に見舞われているのです。それは経営方針の問題もありましたが、安かろう悪かろうという文化財の制度も無関係ではありません。

客観的な評価の少ない世界で、五〇人以上の職人を抱える老舗企業を存続させるというのは、みなさんが想像している以上にはるかに難しいことなのです。

「経済界の常識」を導入

では、このような環境のなかで、私が「小西美術工藝社」の経営をどのように改善していったのかということをお話ししていきましょう。

まず、私がやったことを一言でいうと、「客観的な評価の少ない文化財の会社に経済界の常識を導入した」ということです。

在庫管理、実行予算管理、進捗の確認、研修制度、品質検査、営業、会社の存在自体のアピール、研究室の設置など。社員には受け身的な働き方と愚痴をこぼすのを止めさせて、挑戦をしていく組織へと変化させました。このような改革のなかでも私が特にこだわったのがコストです。それまではどんぶり勘定だった本部コストのなかで削れるものは徹底的に削減していきました。

ただ、その一方で減らせなかったものもあります。それは人件費です。

「はじめに」でも申し上げましたが、私は社長になってから「職人の正社員化」に取り組みました。正社員が増えるということは会社にとってはかなりのコスト増ではありますが、腕の良い職人を育成するためには、安定した雇用形態が必要不可欠だと考えたのです。

そして、そんな職人育成のなかでも私が力を入れたのが「若い職人」の育成でした。その結果、五年前の職人平均年齢四六・三歳を現在は三七・六歳まで引き下げ〝若返り〟に成功。離職率も大幅に改善されました。さらに、職人の中で子供をもうける人が増えるという〝ベビーブーム〟も起きたのです。

非効率な若い職人を育成する

このような話をすると、私が「若い職人」にこだわっていることを不思議に思う方もいるでしょう。

会社業務として見ると、若い職人の育成ははっきり言って、「効率が悪い」という側面があります。若い職人を雇用すれば、先輩職人が面倒をみて教えて納品レベルに適っているかどうか仕上がりをチェックしなくてはいけません。また、それとは別に、基礎知識を身につける研修も必要ですから、その分だけコストがかかり、効率が下がります。要するに「利益率が下がる」というわけです。

それだけではありません。熟練の職人ばかりを集めて施工したほうがはるかに効率的なので、実際に、そのような会社に入札で負けてしまうこともあります。競争力が下がるのです。

先ほど「経済界の常識を導入した」と言っていたわりには、ずいぶんと非効率なことをしているじゃないかと思うかもしれませんが、これは「将来への投資」なのです。

我々の会社は数十年、数百年という長い時間軸での視点が必要です。熟練の職人ばかりをかき集めた施工だと、たしかに短期的には効率も良く、競争力もありますが、長期的な視点で見たときには、人材が枯渇して、結局は自分のクビを絞めることになるのです。

外国人が真似できない強さ

ちなみに、職人の世界には若い人がやってこないと言われて久しいですが、個人的にはそうでもないと感じています。

先ほども申し上げたように、今は限られた国の予算がありますので、どうしても職人の〝席〟というのが限られています。さらに日本人の平均寿命が延びたことで、職人にもなかなか「空席」ができません。もちろん、これには定年退職しても働き続ける、日本の独特の「生涯現役」という働き方も影響しています。

そこで「小西美術工藝社」では一般企業のように、定年退職した職人と若い職人の両方を雇用できる仕組みを作りました。組織内の年齢構成バランスが良くなったのは言うまでもありませんが、この制度をつくったことでひとつ大切なことがわかりました。

それは日本の労働者というのが、制度によっては本当に素晴らしい働きぶりをするということです。

この雇用制度をつくる前、実は「小西美術工藝社」の職人の技術はやや落ちてきているのではないか、という声が関係筋ではありました。現場を回っていると、たしかにそう感じることもありました。

そんななかで「職人の正社員化」や若手の育成などの制度をつくったところ、自分が予想していた以上の働きぶりで、技術もかつての水準以上まで上がっていったのです。

これは私が経営者として優れているとか、そういう話ではありません。日本の職人（労働者）が優れているのです。

経営者がおこなった「改善」に対して、働く人たちが結果で応える。みなさんからすればそんなの当たり前だと思うかもしれませんが、外国人の私の目から見ると、これは他国ではあまり見ることができない現象だと感じています。

欧米の労働者というのは、自分自身で力を調整しながら賢く働きます。しかし、日本の労働者は会社の制度によって、本当に命懸けで働きます。これは外国人には決して真似のできない日本の「強さ」です。

この労働者の勤勉さにあぐらをかくことなく、正しい方向に導くことさえできれば、日本の「効率の悪さ」も改善できるのではないでしょうか。

「楽して儲けたい」人々

日本に必要なのが「数字に基づく分析と細かい改善」ということを考えていると、そのことと表裏一体となっている観念は「楽して儲《もう》けたい」ということではないかと最近大いに感じています。

先日、文化財修理予算があまりにも少ないので、それを増やすための運動について他社の社長たちと打ち合わせをしたら、その反応にビックリしました。「予算が増えたら、忙しくなるのが嫌だから、単価を上げればよい」というようなことをみな口々に語り合っていたからです。

私は予算を増やすことでより多くの文化財により良い修理をして、仕事量も増えれば、より多くの職人を育成できると思っていました。そうすることで、少しでも地方経済に貢献することもできると喜んでいました。

しかし、彼らは違いました。今のままで、予算が増えた分だけ単価を上げると言うのです。みなさんに私の考え方を説明すると、「それはお断り」と言われてしまいました。求人を出して、人を雇って育成するというのは、さらに忙しくなる。「面倒だからやめてくれ」と言うのです。

経済を良くするには向上心が必要

ただ、このような考え方は、なにも文化財の世界だけではないと思います。たとえば、世界遺産登録の話でもよく耳にします。

本来、世界遺産は自国で文化財として指定され正しく保存修理されて、観光戦略等も整備されたもののみを登録することが一般的です。私が文化財の件で縁のある鎌倉（神奈川県）は「不登録」を勧告されましたが、その理由は現地を見ればよくわかります。

街がゴチャゴチャしていて、伝統的な街並みがかなり消えて、いつも渋滞しています。その対策は未だになされていません。観光案内も充実していません。「武家の古都」と言われていますが、現在の鎌倉の姿からは、それはあまり感じられません。

本来なら街並みを整えて、渋滞対策、ゴミ対策、武家文化が形となって見える、体験できる、それを地元で説明して貰《もら》える――。そうして観光戦略を成功させながら、登録を目指すべきではないでしょうか。

残念ながら一番耳にするのは、観光客が減っている、街並みを整えるというのもわかるけど大変だし、面倒ください。やらなくても世界遺産に登録さえされれば、とにかく観光客がやってくるということです。手軽なのです。

そこで、「世界遺産になると、厳しく整備をするように求められますよ」という意見がでると、日本には日本のやり方があるので、外国人の価値観を押し付けられるのはお断りですという声があがる。

価値観を押し付けられるのはごめん、と言うのならば、世界遺産を目指すのは本質的に間違っています。肩書だけが欲しいというのは、「楽して儲けたい」という不心得な考え方です。

さて、私がこの章で結局のところ何を言いたかったかというと、経済を良くするためには向上心が必要だということです。

「前例がない」「楽して儲けたい」云々というのは裏を返せば、ただ単に物事を改善させたくないための言い訳です。この言葉は、日本経済が成長をするうえでの「効率の良さ」の邪魔になっていると感じています。

第三章　日本の経営者には「サイエンス」が足りない

ゴールドマン・サックスの変化

ゴールドマンに入ったころは、会社も伝統的な経営スタイルでした。マネージメントはアートであるとして、人を動かして、褒めて、やる気を出させて、育てていく〝アート〟という考え方です。

しかし、コンピュータの発達によって次第に変わっていき、すべてが数字化されていきました。「このアナリストは凄い」という抽象的な評価ではなく、会社がデータを集めて分析をしたものが評価されるようになりました。

たとえば、このレポートでお客様からの注文がどのくらいあって、推奨した株がどうなったか、お客様は儲かったかは当然で、レポート数、頻度、質、周囲の評価、お客様の評価、訪問数や電話の数まで数値化されていきました。

昔はお友達感覚で電話したり、接待したりすることができた世界が、次第に数字の世界へ変わっていく——、ある意味で面白くなくなりました。また、四半期ごとに評価基準がリセットされたりするので、過去の実績で評価されていた有名なアナリストでもいきなり上司に責められることもありました。反論しても、部長のもとにかなりの量のデータが揃っていたので、返り討ちにあうようなケースも増えていきました。

そんな時、品質担当である私と、ある有名な日本人アナリストが対立しました。彼はお客様への訪問数も少なく、電話もしません。レポートもほとんど書きません。株がかなり上がってから急に「買い推奨」に変えて「一〇パーセント上がる余地がある」などと言い出します。

私はそのアナリストに、レポートをもっと書くよう指導しました。レポートさえ出していれば、品質のチェック、推奨の実績、お客様との電話のネタになるからです。

しかし、彼は聞き入れてくれませんでした。「過去も今も人気ランキングが高いし、朝早くから夜遅くまで一所懸命働いているから」と抽象的な反論をするのです。ただ、こちらにはデータがあります。いくらランキングが高くても手数料などにつながっておらず、営業からの評価も最近はあまり良くないということ、会社全体として、レポートと各アナリストの担当部門の利益の相関関係について説明しましたが、やはり聞く耳をもちません。

結局、そのアナリストは仕事のやり方をあらためず、やがてゴールドマンを去っていきました。残念なことですが、要はその人の自己満足のために給料を出しているような状態だったのです。

昔はデータがなかったから、このような理詰めの話し合いにすらなりませんでしたが、数字の世界へ変わって、経営もアートからサイエンスに変わりました。

もちろん、経営は数字がすべてではないですが、ないと抽象的な話になります。妄想が入り得ます。妄想をもとにして誤った決断をする可能性が高くなります。

日本はアメリカを逆さまにした国

このようなアナリスト時代、私はずっと疑問に思っていたことがありました。日本の経営者、特に日本の銀行の経営者と付き合っていてわかったのは、彼らが利益に興味がなく、抽象的な話が多くて、何ら問題解決をしようとしないということでした。

しかし、日本の経済史を読んでみると、銀行が奇跡的な高度成長のカギの一つと言われています。世界第二の経済大国になった理由は、第一章で申し上げたように「人口」の影響であるにしろ、やはり日本経済が戦後、奇跡的に復興したのは事実です。議論としては二位だろうが四位だろうが、有数の先進国であることに変わりはありません。

ですが、経営者に会っていると、なぜそうなれたか不思議に思う時はありました。ゴールドマンの日本人スタッフにも同じ感覚を持ちました。

これまでお話をしたとおり、アメリカの企業に長年いた自分としては、「数字」を徹底的に分析するビジネスモデルを生み出したアメリカの経営者の凄みをよくわかっています。決断のポイントなどにも感服したものでした。

その一方で、アメリカの一般的な平社員の質の悪さにも驚きました。言葉は悪いですが、労働者の質が相対的に悪いから、経営者側が頑張らないと国が成り立たないのではないかと思ってしまうほど、落差が激しい印象でした。

では、日本はどうでしょう。

私は、日本は一般的に言われているとおり、平社員は真面目で、忍耐強く、勤勉だと思います。それは私が経営に携わる「小西美術工藝社」でもよくわかりました。しかし、日本の経営者については、アメリカの経営者と対峙《たいじ》した時のように、感心したり感動したりということはあまりありません。

労働者の質が良いから、経営陣が鍛えられていないとまでは申しませんが、私は日本の経営の質にはまだまだ伸びる余地があると考えています。ここからはそれを考えていきたいと思います。

「何を言っているかわからない」

話は再び、ゴールドマン時代に戻ります。当時のゴールドマンにいた日本人社員のなかには英語が上手な人がたくさんおり、イギリス人である私やアメリカ人ともなんの支障もなくコミュニケーションがとれていました。

問題は彼らの話している内容です。

非常にまどろっこしくて、ああだこうだといろいろ小難しい話をするのですが、結局のところ何を伝えたいのかということがまったく見えづらい。ストレートに申し上げると、「ちょっと何を言っているかわからない」という感じなのです。

それは会議だとより顕著でした。参加者に立派な資料を配付して、自分がいかにユニークな分析を試してみたかとか、いかに珍しいデータを探して引っ張り出してきたかということをスピーチするのですが、それらを用いて結局何をこの場で言いたいのかということがまるで伝わってきません。いわば、「苦労話」というプロセスに多くの時間を費やしているのです。

そんな日本人社員の発言を耳にする度、私はこのように尋ねたものです。

「それはつまりどういうことですか？　あなたはそれで何を言いたいのですか」

もしかしたら相手には「嫌なイギリス人だ」とか思われていたかもしれませんが、仕方がありません。当時は本当に忙しく、私たちが会議に割ける時間は限られていました。議論を円滑にすすめるためにはポイントを絞らなくてはいけなかったのです。

ただ、このような質問をしても日本人社員の多くは、私の真意を理解できなかったようで、「説明の仕方がわかりづらかったのかも」と、再び「苦労話」を丁寧に繰り返します。日本企業の会議はやたらと長いということですが、その理由がわかった気がしました。

日本の会議の中身のなさに驚く

会議の長さの理由の一つは、厳しく言えば、その会議の中身のなさにあるのではないかと思います。

アナリスト時代、マスコミと議論をしても、銀行と話し合いをしても、不良債権問題や繰《く》り延《の》べ税金資産の議論となると、ほとんど「数字」がありませんでした。

ある委員会に参加した時も、私は不良債権問題をこう考える、いや、私は違う見方をすると主張するだけで、日本人同士で何を基準にして幾らの不良債権で、どうすればどう解決出来るのかという具体的な話がなかったのを見て驚いたのを覚えています。事実、最後まで信頼できる不良債権のデータが一回も出ませんでした。

少し前のＴＰＰ（環太平洋戦略的経済連携協定）の議論もそうです。多少数字が出たとしても、ほとんどの議論が極論か、あり得ないような感情論です。日本の農家がすべて廃業するとか、日本のコメは売れなくなるとか、きわめて厳しく言えば、そんな議論をする人は教育環境がきわめて悪かったのではないかと思ってしまうほど、低い次元の議論です。
不良債権の話に戻します。当時、私は銀行によくこのように言われました。

「不良債権はあなたが言う数字ではない」
「あなたはＣＩＡにそう言わされているだけでしょ」

前者に関しては、数字を出してこないですから論外です。後者も私はイギリス人ですからあり得ませんし、二五年もこの国にいますので、陰謀を駆使して日本を潰す動機もありません。

このように私が反論をすると、今度は「日本人は何代かかっても必ず返すマジメな国民性だ」とか、民族論になったりして辟易《へきえき》したものです。

最近おこなわれているＩＲ（統合リゾート）とカジノの議論でもこれと似たような印象を抱きます。まず数字を全部出して、徹底的に議論したうえで決めるというよりは、派閥、管轄等のパワーゲームで反対か賛成かを決めて、感情論的に決めた結論を裏付けるため、後付けの数字を意図的につかっていると感じるからです。

というのも、ＩＲとカジノについては、さまざまな数字が溢れ返っているにもかかわらず、それをまったく検証していないからです。その象徴がシンガポールにまつわるデータです。

シンガポールは参考にならず

最近、「シンガポールに学ぶべきことは多い」などと論じる人が多いような気がしないでしょうか。

実際にネットで「シンガポールに学ぶべき」とかキーワードを入れてもらえば、かなりの記事がヒットするでしょう。なかには、経済だけではなく、政治や文化にも言及したものもあります。この前はシンガポールの一人当たりのＧＤＰは日本より高いということを取り上げて、「シンガポールに行けば分かる日本との実力の差」なんて記事もありました。たしかに、ＧＤＰの購買力平価で調整をした一人当たりの数字では日本の二・一七倍で世界第五位。そういう意味では実力の差は歴然です。

しかし、私は考えさせられることはあっても、学ぶべきことはあまりないと思っています。もちろん、シンガポールの経験を生かすことはある程度まではできると思いますが、そもそも両国には異なる部分が多く存在するからです。

たとえば、アベノミクスが成長戦略のひとつに掲げている「観光立国」などはその最たるものでしょう。安倍首相や自民党では、外国人観光客の増加を見込んでカジノを含むＩＲを導入するという構想があるようですが、そこでモデルケースとして語られるのがシンガポールです。

シンガポールは二〇一〇年にＩＲを導入して以来、インバウンド（外国からの観光客）に関しては、カジノをつくる前の〇九年には九六八万人。これが二〇一三年には一五五〇万人。年間観光収入が、一二六億シンガポールドルから二三五億シンガポールドルへと大きく跳ね上がったのです。

経済対策という観点でも効果はありました。現在二つのＩＲの営業利益は二〇〇〇億円といわれており、直接雇用だけでも二・六万人に達したということです。

スケーラビリティーはあるか

ただし、シンガポールは東京二三区ほどの面積、人口も日本の四パーセントほどです。人口が五三九万九二〇〇人で、名目ＧＤＰが二九・六兆円です。日本は一億二七一三万人強の人口と、四七八・四兆円のＧＤＰです。

シンガポールのインバウンドや国内経済にとってＩＲが効果があったというのは「数字」も証明している紛れもない事実です。しかしこの「数字」をもってして、日本にもシンガポールのようなIRをつくるべきだ、という結論へもっていくのは強引です。IRを導入するにしても、シンガポールの「数字」だけを引っ張り出してきて、「シンガポールのようなIRをやるべきだ」というのは、まったくもって非科学的な話と言わざるをえません。

一人当たりGDP（購買力平価）のトップテンを見ると、一つの特徴が見えてきます。

世界一のマカオは人口が六一万四五〇〇人、二位（カタール）が一九一万九九六二人、三位（ルクセンブルク）が五四万九七〇〇人です。トップテンはみな小さい国です。統計上、標準から外れるとランクインしやすいという傾向があるのです。

これは極論ですが、たとえるなら売り上げ一億円の小さい会社が、ある部門を作って利益が倍になったとしましょう。しかし、売り上げ一兆円の大企業にその中小企業が作った部門を設けても、同じような倍効果を実現するためには一兆円が必要です。

ちなみに、一億円企業がやれば利益が倍増となったものを真似て、一兆円企業もまた一兆円の利益が期待できることを、専門用語でスケーラビリティーと言います。

つまり、日本とシンガポールを比較する際には、シンガポールの戦略にスケーラビリティーがあるかどうかを検証する必要があるのです。IRそれ自体に関して言えば、日本は文化、歴史、食事など、シンガポールよりも相乗効果が大きく見込まれますので、とても期待していますが、他の比較に関してはシンガポールはあまり教訓にならないと思います。

国際比較という「罠」

世界中どこの国でも国と国の比較をする際、自国の優れていることや、他国が劣っているところばかりを取り上げる傾向があります。

たとえば、サッカー・ワールドカップ・ブラジル大会の時に日本人サポーターが、自分たちが座った場所の掃除をした話題が大きく取り上げられました。私もあれは日本文化の良いところだと大いに共感しましたが、マスコミはあのサポーターの行為だけで、あたかも日本人のマナーが世界一良いようなことをふれまわります。あれはあれであって、富士山のゴミ問題や、花火大会でのゴミのポイ捨てなど、外国人から見てもマナーが悪いところはたくさんあるのです。

つまり、ここで私が言いたいのは、自分たちに厳しい目で国際比較をしてみると、日本にはまだまだ改善をする余地がかなりあるということです。

そのような国際比較をするためには、海外の現実を外国人たち自身から聞くのがもっともわかりやすいと思うのですが、なぜか日本では海外文化を紹介するのも日本人ということが多いです。

先日もイギリスの紅茶文化を教えている日本人がいたので、何年くらいイギリスにいましたかと尋ねたら「二年いました」と答えられて驚いたことがあります。ひと口にイギリス文化といっても、階級の違いや、地方でかなり違いがあります。二年間みっちりと勉強されたのかもしれませんが、やはりイギリス文化のことはイギリス人に聞いたほうが良いのではと感じました。私も二五年間、日本で暮らしていますが、日本文化についてはいまだに謎ばかりです。茶道も一五年やっていますが、まだまだ教える立場にはなれません。

海外の文化を外国人に直接聞くことなく、日本人の視点で独自の解釈をおこなっていく。たとえば、その典型例が「Ladies first」です。

よく外国人男性は女性に優しい、日本人男性はレディファーストがなっていないというようなことを言いますが、実はイギリスでは今「ladies first」というものが否定されていることをご存知でしょうか。

そもそもladiesというのは貴族文化における身分の高い婦人のことであって「women（いわゆる女性）」ではありません。だから、女性に無礼なことをして、ladies firstに反していると言われると、「貴女《あなた》はladyじゃないから関係ありません」なんて答える場合もあります。

そもそも、ladies firstは元来、階級社会での男尊女卑的な考え方に基づいているので、現代のイギリスではどちらかといえば否定されているのです。

それは、Ladies firstの根本に、自力では椅子やドアのノブを引けないなど、女性は弱いから男性が守らなくてはいけない、子どもをたくさん生んで欲しいから大事にしなくてはいけない、という考えがあるからです。今のイギリス人女性たちは「私は弱くないから貴方に守られなくても良い」と言います。

事実、イギリスでは一八五七年までは女性は収入を得る権利がなく、父親、夫、兄の「所有物」と見なされ、相続権、不動産所有権等も認められませんでした。親権も一九二五年まではは父親のもので、母親にはありませんでした。女性の社会進出はもっと遅く、貴族院に女性が初めて入ったのは、一九六三年のことです。

総スカンだった有料のお茶

このような外国人の意見を聞かない国際比較に象徴されるように、根拠のとぼしい議論が日本では横行している気がしています。

ゴールドマン時代にも、日本企業に対して、こういう商品を出したらどうでしょう、このサービスは日本にあっても良いじゃないか、という提案をよくしましたが、「日本人にはそれはウケません」という根拠のない理由できっぱりと否定される事がほとんどでした。事実、ウケないと言われたものが後になってバカ売れすることも少なくありません。

たとえば、「お茶」のペットボトル飲料です。私が初めて日本にやってきた時、まだ「おーいお茶」なんて売っていませんでした。お茶というのは家庭や会社で淹《い》れるものであって、自動販売機やコンビニエンスストアで買って外で飲むようなものではなかったのです。当時の飲料メーカーの経営者には、日本人にとってコーヒーは有料だが、お茶は無料なので売れないというのが常識でした。ですから、ペットボトルに入った冷たいお茶が発売された時、飲料ビジネスのアナリストや経済評論家は、こぞってこきおろしました。定食屋にいけばタダで飲めるものに、百数十円を払う者はいない。事業としては間違いなく失敗すると断言していたのです。

たしかに最初はビジネスも簡単ではなかったでしょうが、結果はどうでしょう。今やペットボトル入りのお茶はすっかり定着して、コンビニの棚の一区画を占めるほどの分野に成長しました。あれほどダメだとか、売れないと言っていた人たちも、まるで大昔からあるかのように受け入れています。このような例を出したらきりがありません。

「パソコンでは日本語の変換は無理だ」と主張されていたという、今となってはウソのような話もありました。これによって、国をあげて日本企業ではなくマイクロソフト等の海外メーカーの発展に貢献してしまったわけですから、きわめて大きな戦略ミスと言わざるをえません。

一事が万事この調子ですから、日本の企業はしっかりとした市場調査をおこなっていないのかと疑ってしまいます。日本の場合、産業によっては外資系があまり参入していないので、さほど競争が激しくありません。他に選択肢がないため、しかたなくそれを選んでいるにもかかわらず、「日本の品質は世界一なので選ばれている」などと勘違いをしている場合もあるのではないかと心配になってしまいます。

最近、高校時代の音楽の先生に言われた「人は好みを知らない。知っている物の中から好んでいるだけ」という言葉をよく思い出します。

海外の和食ブームは本当か

外国人の意見を聞かないという意味では、「日本食」についても問題です。最近よくテレビやネットニュースで、日本食がブームであるという話題を見かけます。

たしかに、海外で日本食が食べられる日本食レストランは二〇一三年に五万五〇〇〇軒。外務省（農林水産省推計）の数字によりますと、二〇〇六年には二万四〇〇〇軒、二〇〇〇年には三万軒だったそうです。過去のトレンドと比較すれば、「ブーム」と定義するのはわかります。

しかし、これで「世界で日本食が支持されている」という結論にもっていくのは強引な気がしています。たとえば、欧風料理店を飲食店サイト「ぐるなび」で検索してみますと、日本全国で三万二二六三店舗でした。「食べログ」では中華料理店の数が三万一一九九店舗ありました。

もちろん、これがすべてではありませんが、このような概算を見ても国外の和食店の数は国内の欧風料理の店舗数とそれほど変わりません。

日本の外食産業はかなり発達しているとはいえ、五万軒程度ではブームとは言えないのではないでしょうか。

たとえば、東京という都市で考えてみましょう。「ぐるなび」によると都内には五六一八店舗の欧風料理店がありました。欧風料理店一店舗に対して三九四〇人という人口比率で二・九パーセントの普及率です。

一方、欧州にある和食店は五五〇〇店と推定されています。欧州の人口は七億三七七九万一八〇〇〇人ですので、一店舗当たり人口は一三万四一四四人です。

欧州における和食店を、日本における欧風料理の普及率まで上げていくには、一八万七二五七店舗にしなくてはいけません。現在の三四倍です。

和食の魅力は「洗い物が少ない」

こういう話をすると、「いや、和食の魅力はそのような店の数ではない」と言われてしまいますが、そもそも外国人から見た和食の魅力ということさえもみなさんははき違えている可能性があります。

あるところで、和食のセミナーが企画されました。和食はブームです、海外ではその魅力は「ヘルシー」「旬の食材をつかう季節感」「盛りつけが繊細」などが評価されていると書いてありました。和食が好きな私は違和感を覚えたので実際に調べました。

私が見たサイトでは和食を支持する理由の一番は「ヘルシー」ですが、二番は「消化しやすい」、つまりフランス料理のように脂っこくないので胸やけがしないというのです。驚くかもしれませんが、三番目を聞くと「洗い物が少ない」、そして四番目は、「調味料が場所をとらない」ということなのです。

そこで比較として紹介されているのは、パイでした。パイはまず生地をつくって、その中の具材をつくって、今度はそれを中に入れて焼くなどやたらと工程が多いです。日本食は切った材料を盛りつけたり、茹《ゆ》でたり、鍋一つで炒めた後に煮込んだりはしますが、そこまで大がかりではありません。調味料にしても、「さしすせそ」で味を調えることのできるコンパクトさが非常にウケているのです。

また、先日、有名料亭の方たちが登壇する和食の魅力をテーマにしたセミナーがありまして参加したところ、日本に来て一番外国人が食べたい料理はステーキ、しゃぶしゃぶ、すき焼き、お寿司、鉄板焼きという順番だというデータを紹介していました。みなさんが「支持されている」と思っていることと、やや違う点が評価されていることがわかります。

私がここで申し上げたいのは、日本食がダメだとかなんだとかいう話ではありません。「和食が外国人にウケている」と言いながらも、その理由について当の外国人たちに聞くなどして調べてもいないことが問題ではないかということを言いたいのです。

自分たちが考える「和食の魅力」というものが正しいと思っており、外国人も同じに違いないと無分別に信じ込んでいるのです。これは第四章で詳しく述べるような供給者側の理屈を押し付ける日本人の特徴かもしれません。

悪いところと比較するな

このような傾向は、やはり他業種の日本企業にも当てはまります。よその会社と自分たちの会社を比較して、都合の良い面だけを取り上げて、それを自分たちに都合の良い解釈をするということが、よくあるような気がします。

事実、「小西美術工藝社」でも私が経営をおこなう以前は、「都合の良い比較」が多くおこなわれていました。たとえば、経営を改善するための会議を開けば、社員たちから出てくるのは、こんな言い訳のような「比較」でした。

同業者でもそのような取り組みはしていない。
競合（他社）もかなり苦しんでいるので、あちらに比べたらまだ我々はマシなほうだ。

このような言葉を聞くたびに私は、「悪いほうと比べてどうするのですか」と言ったものです。

見習うべきところがあるライバルや、業界トップ企業などと自分たちを比較して劣っているというのは論ずるまでもありません。ゆえに無駄な議論を省いて改善すべき点を明らかにすることができるのです。悪いケースと比較をしても、物事がプラスに働くことなどありえません。ですから、私が経営を任されてから、「小西美術工藝社」では「悪いほうと比較しない」というルールをつくりました。もちろん、章の冒頭で申し上げたように、プロセスなどを披露することなく、「数字」に基づいた議論をすることも義務づけました。すると、どうでしょう。

私がくるまでは、何時間もかかっていたという会議が、非常に短時間で終わるようになり、しかも根拠のしっかりとした建設的なアイディアがたくさん出るようになったのです。

我々が理想とする姿、改善をすすめればどのようになるのかというのは、「数字」によってしっかりと浮かび上がります。「数字」を基にして議論をすすめていくことで、「根回し」や「コンセンサス」は必要ないことはないですが、支配的な要素ではなくなりました。無駄な時間も労力も省けるうえ、組織の課題が明確になります。このような習慣はぜひみなさんの会議でも参考にしていただきたいと思います。

「過去」をすぐに忘れる強み

その一方で、日本人ならではの良いところも、もちろんあります。日本人は恐ろしいほど前向き。いや、もはや「忘れっぽい」と言っていいかもしれません。日本のサラリーマン文化も然りです。

私がソロモンに入った時、日本のサラリーマンは「茶髪」や「ヒゲ」など御法度でした。そんないで立ちをしている社員がいたら、「明日から来なくていい」と怒鳴るような上司もいたほどです。

しかし、今はどうでしょう。ある時から突然、みんな茶髪でヒゲ。あんなに注意されていた過去などなかったかのように、ある程度の高いポジションの経営層でもそのようないで立ちをしています。

先ほどの和食に関しても、私が日本にやってきたバブル期には、「和食は日本人のＤＮＡにしかわからない料理で、外国人には理解できません」とよく言われました。それが今や「和食が外国人にウケている」というのですから、いったいどっちなんだという感じです。

このような柔軟さは、私たちイギリス人には真似できません。イギリス社会でのルールや信条というのはそう簡単に変えることができません。職場で茶髪はダメだというのなら、それを変えるのは容易ではありません。よく言えば「伝統を重んじる」、悪く言えば「融通がきかない」のです。データを取っていますし、何年に誰が何を言ったのかというのを遡《さかのぼ》るほどしつこい人が多い国民です。

「過去にとらわれない」「変化に対して前向きに対応できる」

これは非常に良いことだと思います。可能性に制限がないからです。

「経営者」は本当にハードか

ただ、日本企業の「効率の悪さ」を考えていくうえで、やはり最も改善すべきであるのは経営者でしょう。

目の回るような忙しさで会社の舵取りをして、日々重要な「決断」をしている日本人の経営者をたくさん知っています。そして私自身、社員七〇名を抱える中小企業の社長として、「決断」をしています。その一方で、すべての日本人経営者がそうだとは言いませんが、私の目からすると、たいした決断もしていないでかなりラクをしているように見える経営者がいます。

いわゆる大企業の経営者です。

アナリスト時代の私の仕事は銀行分析でしたので、財務はもちろんのこと、どのように効率的に収益を上げているのかということにも目を光らせていましたが、そのなかで、どうにも納得のいかない働きぶりをしているのが、頭取や役員という幹部でした。

銀行にくるのは平社員よりもかなり遅め。「重役出勤」という言葉があるように、昔だったらお昼前くらいまで顔を出さないという人もいたくらいです。働きぶりに関しても、「役員会議」という何も決められない会議に顔を出して、難しそうな顔をしてただ座っているだけ。そして午後になると、挨拶だなんだといろんな理由をつけて運転手付きのハイヤーで出かけて、そのまま接待で夜の街へと消えていく。

こんなサイクルで働く彼らが、一億円もの年収を得ているというのが不思議でなりませんでした。莫大な不良債権を解決するため様々な改革を断行しているわけではありません。日々、組織の内外に物議を醸すハードな「決断」を下している、というわけでもありません。ただ、銀行にやってきて、他の役員と同じように会議に出ているだけで、これだけの対価を得ているというのは、アナリストの目から見ると、企業としてはまったく合理的ではなく、理解不能な現象だったのです。

今でも忘れられない話ですが、いつもアナリスト説明会で部下にプレゼンを任せて、居眠りをするようなあるメガバンクの頭取がいました。ある時、珍しく自分でプレゼンをして、細かい数字を説明して、アナリストからの質問にも答えていました。どういう風の吹き回しかと担当者にたずねたら、彼は誇らしげにこう答えたのです。

「頭取が徹夜して数字を頭に入れました」

それを聞いてまた驚きました。ということは、ふだんは数字が頭に入っていないということです。それを一所懸命覚えただけで部下から感動されるという文化は、やはり外資系企業とは違います。

日米の経営者報酬の差

外資系といえば高い報酬というイメージがあるでしょう。上場後のゴールドマン・サックスの経営者の報酬が激増しているのを見て、私自身、行きすぎだと感じました。今でもアメリカの経営者報酬には異常な感じを覚えます。

私がゴールドマンにいた時代から、それに関して日本の経営者から多く指摘されました。外資系金融機関の幹部は、日本の銀行幹部に比較するとケタ違いに報酬が高いというのは紛れもない事実です。私がいたゴールドマン・サックスも然りで、ゲーリー・コーン社長（五二歳）の報酬は一九〇〇万ドル（約一八億六一〇〇万円）にものぼったという報道（ブルームバーグ、二〇一三年）がありました。

しかし、では日本の銀行の頭取の報酬が低いかというとそうとも言えません。アナリスト時代の私はよく銀行幹部にこんなことを言っていました。

「みなさんのような働きぶりで年収一億円もらえるなんて、銀行の経営というのは非常においしい仕事ですね。私もあなたのような仕事に就きたい」

もちろん、半分は皮肉です。イギリスでは冗談以上に本音がないという考え方があるのです。

銀行は大変な不良債権を抱えながら、国に対してそれを隠して実質的な粉飾決算を一〇年以上継続していました。不動産を吐き出して、早めに手を打てば痛みが少なく済むはず、ということを『銀行─不良債権からの脱却』（日本経済新聞社、一九九四年）という本で提言しました。遅れた分だけ大変な経済の打撃になると予言をしましたが、銀行はそのような提言を無視しました。

決断しないでごまかしを続けた結果、巨額な公的資金が投入されるという最悪の結果になりましたが、アメリカと違って破綻した銀行の刑事責任等はほとんど問われません。

阪急阪神ホテルズの食品表示偽装問題でも一時期は騒がれましたが、それを糾《ただ》される経営者もおらず、責任の取り方も曖昧《あいまい》でした。オリンパスの粉飾決算や、直近の朝日新聞社の問題を見ても、経営者には甘い国だというのが率直な感想です。

もちろん、海外の経営者がすべて潔癖かと言われるとそうではありません。しかし、大臣などを盗聴していた問題が発覚したイギリスの新聞社は、一八四三年創立で一時期英字新聞として世界一になったほどの新聞であったにもかかわらず、廃業になりました。

銀行を代表とする日本の大企業の多くは、戦後の復興と人口増加、国内の保護によって、守られた存在として発達してきました。株式の持ち合い制度にも守られ、利益を軽視して、株主も無視して、難しい決断もせず、真面目な平社員の勤勉さの上に成り立っているような経営をしていました。

バブル崩壊によって、これまでのやり方を変えて、難しい決断をしないといけない時代になったにもかかわらず、根本的なところはなにも変えずにやってきました。

といっても、アメリカのように過剰にＲＯＥ（自己資本利益率）と利益増加に追われて経営している世界に変える必要性があるとまでは思いません。ただし、大企業は内部留保を貯める一方で、積極的に経営していない、デフレ脱却に挑戦していないという安倍晋三首相の指摘は私も同感で、日本の経営者はわりと無責任だと感じます。

今以上に利益を伸ばす努力、時価総額を増やす努力、これまで述べたように、徹底的に分析をして、経営していけば、利益を増やせる余地はいくらでもあると思います。

極論を言わせていただければ、日本の一人当たり購買力平価ＧＤＰが世界二五位となっているのは、日本の経営者の責任です。二五位程度の経営しかできないなら、高い報酬を貰う資格はありません。正直なところ、実際の企業価値に比べると今でも高すぎる、年収二〇〇〇万円程度で良いじゃないかと思う経営者もいらっしゃいます。

偉人の生き様が大好き

その一方で、日本の経営者には会社への愛情が強いという特徴があります。会社に愛情を注ぐのは悪いことではありませんが、やはりなかには度を超えてしまい、「親バカ」と呼んでもさしつかえがないような困った方もあらわれてしまいます。

我が子（会社）がとんでもない悪さをしているというのに、それを指摘した教師（アナリストなど）に対して「うちの子に限って」と逆ギレして猛烈なクレームを入れる。何兆円という不良債権を抱えているにもかかわらず、その現実をレポートで指摘した私に対して「書き直せ！」と怒り狂ったメガバンクの幹部などはそんな〝モンスターペアレンツ〟の典型でしょう。

全員とは言いませんが、なんの根拠もない先入観に支配され、客観的に自分の会社を見ることができない経営者が日本にはあまりに多い印象なのです。

これまで多くの経営者の方たちに会ってきました。非常に有能な方や尊敬できる方たちもたくさんいましたが、それと同じくらい、経営に「サイエンス」を取り入れず、自分のカンに任せて経営をしている人が多いことに驚いたものです。

そのような社長さんたちの多くは「信長に学ぶ」とか「坂本龍馬を目指す」みたいな話が

大好きで、よく勉強会もされていました。そのような経営哲学がすべて無駄だとは申しません し、歴史的な偉人から学ぶことがないとは言いません。しかし、経営者がまずやるべきこ とは「生き様」を真似るなどではなく、「数字」を見ることではないでしょうか。

このように「サイエンス」がない経営者が多い背景には、前に述べたような日本の経済成長に対する「大いなる勘違い」が関係していると思っています。

コンセンサスは時間の浪費

個人的には、高度成長期が終わった今となっては、簡単な経営ができる時代が終わりましたので、日本のコンセンサスを重視するやり方も修正する必要があるかと考えています。

実はこのように「コンセンサス」というものを否定したリーダーが私の母国イギリスに、かつて存在しました。

マーガレット・サッチャー。ご存知のように、新自由主義的な経済改革を断行したことで「鉄の女」と呼ばれました。実は、私と同じ町の出身で、私の母の高校の先輩でした。イギリス初の女性首相です。

彼女は非常に有名なこのような言葉を残しています。

「私はコンセンサスというものは、さほど重要なものであるとは思いません。あれは時間の浪費の原因のようなものですから」

「コンセンサス」を重んじる人々からは「独裁者だ」とか声が飛んできそうですが、私はこれにいたく共感しています。コンセンサスをとるために議論を尽くしていたところで、結局それは組織を大きく変える「決断」に結びつきません。「決められない政治」や「決められない経営」を招くだけなのです。

それはサッチャーが首相だったイギリスの一一年あまりを見ればわかります。

日本ではサッチャーのことがどのように評価されているかはわかりませんが、イギリスでサッチャーは「コンセンサス・ポリティックス（合意形成型政治）」を終わらせた人物として知られています。

第二次世界大戦後のイギリスは三四年にわたって、雇用対策やその他の社会保障の問題にとどまらず、マクロ経済政策まで組合や経済団体と話し合い、合意を形成していく「コンセンサス・ポリティックス」と言われる政治手法をとってきました。これは保守党、労働党という党派を超えた〝常識〟であり、ともに福祉国家と完全雇用を追い求めるということに「合意」をして、社会保障を拡大していくという路線をすすめていきました。

インドの独立等、大英帝国の植民地の解放によって、イギリスの産業は市場をなくしてしまいます。石油発見によるポンド高で国内企業は設備投資ができず、悪循環に陥っていきます。産業革命からずっと経済を牽引してきた製造業が次から次へと倒産しました。

また、終戦の影響もあり、福祉の充実、労働組合の強化等によって、労働者の立場がかなり強くなりました。結果、勤勉さが欠けていったのかもしれません。イギリスでは「良く働く日本人にやられた」と言う人もいますが、それは自業自得です。

政治家は昔から大胆なことはしない、紳士的でアマチュアな政治家、いまだに貴族の影響が強いnoblesse《ノーブレス》 oblige《オブリージ》の世界でした。前章にありましたような、真面目に働くが、数字に基づいて分析して実行することのできない体制でした。今の日本と似ていると思います。

この政治手法に限界がやってきました。労働党政権と労働組合が激しく対立し、激しいストライキが繰り返されるようになったのです。交通機関は麻痺し、病院からは医師や看護師が消え、清掃車すらもゴミを回収しない。すべての人たちと議論を尽くして「コンセンサス」をとろうとした結果、国家機能が停止してしまうような事態を招いてしまったのです。

そんな時にあらわれたのが、保守党のサッチャーだったのです。

コンセンサスより数字を

サッチャーはマネタリズムを基礎にした新自由主義路線をイギリス経済再生のための唯一の選択肢と考えました。具体的には、福祉という非採算部門の縮小、国営企業の民営化という、いわゆる「小さな政府」を目指すという方針です。

これまでの福祉国家とは百八十度の方針変更に当然、大きな反発もありました。特に福祉を切り捨てるような政策に関しては、血も涙もない冷徹な人間だというような批判の声も浴びましたが、彼女は利権に有利に「コンセンサス」をとるという従来の政治手法を否定して、改革を断行していきました。

そう聞くと、周囲の意見を聞かない「独裁者」のように思うかもしれませんが、そうではありません。彼女が基づいたのは徹底した「数字」でした。それがわかるのが以下の言葉です。

ビクトリア時代の人々はすでに、現在われわれが再発見している事柄について語っていたのだ。それは〝援助に値する〟貧困と〝援助に値しない〟貧困の区別である。ともに救済してしかるべきである。しかし公費の支出が依存文化を強化するだけにならないためには、両者への援助はずいぶん違った種類のものでなければならない。われわれの福祉国家で生じる問題は、ある程度は不可避的なものなのかも知れないが、本当に困難に陥り、そこから脱出するまでなにがしかの援助を必要とする場合と、単に勤労と自己改善への意思や習慣を失ってしまっている場合との峻別を忘れてしまい、両者に同じ〝援助〟を施してきたことにあるのだ。援助の目的はただ単に人々に半端な人生を送ることを許すことにあるのではなく、自らの規律を回復させ自尊心をも取り戻させることにあるのだ。(M・サッチャー『サッチャー回顧録』下、石塚雅彦訳、日本経済新聞社、一九九三年)

国家財政には限りがあります。そのなかでできる限りの「福祉」という援助をしていくには、援助というプロセスが「目的」になってしまってはいけない。そのためには貧困を区別しなくてはいけないというわけです。区別をするためには主観的ではなく、なにかしらの客観的な基準、つまり「数字」が必要となってくるのです。

サッチャーは食料品店の娘で、権力者の血筋ではなかったのです。同時に女性ということで、男には許されないこと、聖地に足を踏み込むことも女性だから認められた部分もありました。ただし、何よりもポイントなのは、彼女がイギリス初の理科系大卒首相だったということでしょう。つまり、サッチャーは初めての「サイエンス」にのっとったリーダーだったのです。厳しく言えば、貴族のアマチュア政治からの脱却でした。

このようなサッチャリズムを振り返ると、日本では小泉純一郎元首相のことを思い浮かべる方もいるかもしれません。たしかに、彼は「抵抗勢力」という言葉を用いて、郵政民営化という自らの政策を断行し、郵便事業という「しがらみ」を断ち切ったという点では似ているように見えますが、サッチャーの在任期間の半分ほどです。手をつけた構造改革の規模がまるで違います。両者を同列に並べることには、かなり違和感を覚えます。

ただ、ここで誤解をしていただきたくないのは、だからといって、私は日本にもサッチャーのようなリーダーが必要だとか、サッチャリズムのような新自由主義的経済改革をすすめるべきだとか主張したいわけではないということです。

イギリスの問題が日本にそのままあてはまるとは思いません。ただ、日本という国を考察した時に、かつてのイギリスの「コンセンサス・ポリティックス」という弊害と何かしら通じるものがあるということを言いたいだけなのです。

「大半」から「過半数」へ

それは一言で表現すると「コンセンサスの支配」です。

サッチャー元首相が導いたコンセンサス政治の終焉は今もなお国策に大きな影響を与え続けています。サッチャー政権以前は、基本的に議会や当事者から反対があると、国策を調整したり、対立しないように〝調整〟して問題を先送りしていました。

それを様々な既得権益が悪用し、国の運営自体が危うくなっていきます。当時、サッチャーが訴えていたように、国の統治権は政府にあって、既得権益ではありません。コンセンサスが国を支配するのではなく、民主主義の下では「過半数」が絶対です。これは仮に国民全員が賛成していないことや、一部が激しく反対する政策を決定する場合にも言えることです。国益のためにしばしば強行される政治運営には、女王までも懸念をしていましたが、行き詰まっていたイギリス経済の復活に大きく貢献しました。ゆえに今でもイギリスはサッチャーの訴えた「過半数」の政治運営を続けているのです。

翻って日本を見てみると、かつてのイギリスのように既得権益が明らかに国益に悪影響を及ぼしています。たとえば、強い農業を実現するために必要な企業化を進めていくに当たって、国益のために一部の人が犠牲を被らなくてはなりません。

潜在的なプラス要素を実現するためには、目の前の反対を潰す政治判断が必要ですが、やはり日本では「和をもって」という精神があるのか、一人でも反対があると議論がストップして、「過半数」をとっていても「全会一致」しなければ物事がすすまない、というある意味で間違った民主主義が浸透しているように思えます。

歴史家などは、日本は聖徳太子の時代から物事を包括的に運営してきたと言いますが、それは東洋、とりわけ日本だけの特徴ではありません。イギリスでも三〇年前までは同じように「和」をもって政治にあたり、今の日本と同じような問題に直面し、既得権益によって経済が低迷していたのです。

それを「大半の民主主義」から「過半数の民主主義」へと変えることで、極端な妥協や問題の先送りをやめて経済を立て直すことに成功したのです。

このイギリスの例がどこまで参考になるかは分かりませんが、私としては、今の日本と似ている部分があるかと思って参考までに書きました。

成長期には二四歳がリーダー

リーダーという点で言えば、日本のリーダーが総じて高齢であることも気にかかります。イギリスでもかつてこのような傾向がありました。表5をご覧ください。これはイギリスの首相の就任時の年齢をグラフにしたものです。国家が成長をしていた一八世紀ごろの首相は若かったのですが、成熟してくるにつれてリーダーの高齢化がすすんでいくのです。

例をあげましょう。一七八三年に就任し、二〇年にも及ぶ長期政権で舵取りをしたウィリ

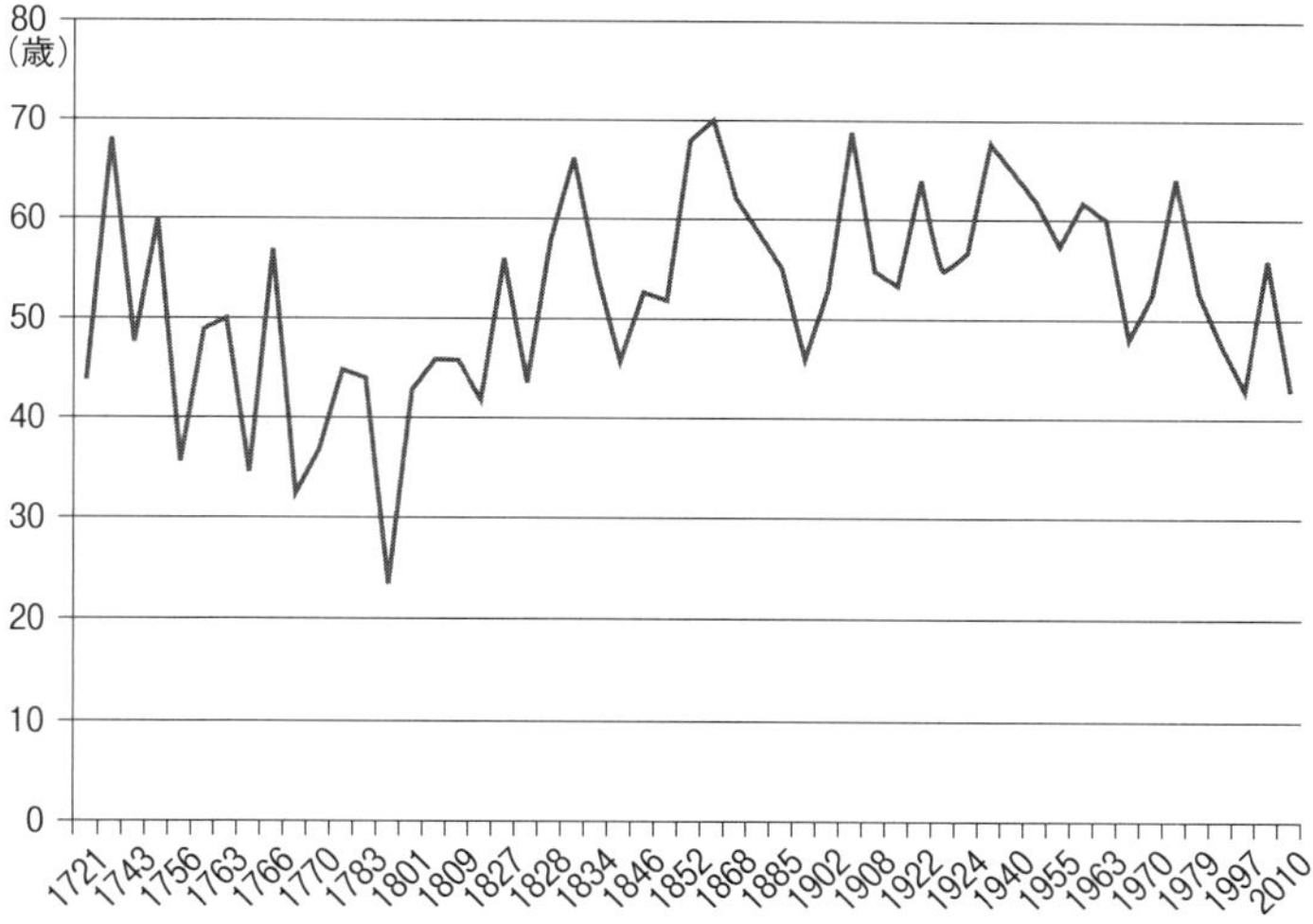

表5　イギリスの歴代首相の就任時の年齢

アム・ピットなどは二四歳の若さで首相になっています。その就任はアメリカが独立した直後で、大変にイギリス経済が打撃を受けている危機の時代でした。

これが一九世紀になると、アメリカ以外の植民地拡大や産業革命によって、国家が巨大になって成熟していくにつれてリーダーの年齢が上がっていきます。七〇歳で首相になったヘンリー・ジョン・テンプルや、一八九二年に八二歳で四度目の首相になる、ウィリアム・グラッドストンなど「老人」がリーダーになっていくのです。この逆に、イギリス経済がピークを打ってから次第に厳しい状況になっていくにつれて、次第に首相の年齢が下がっていったのです。

二〇一三年、イギリスの財務大臣を久能山東照宮にご案内しましたが、この時に驚いたのは、彼が当時、四二歳であり、財務大臣に就任したのは三九歳の時だったということでした。

このように若いリーダーと高齢のリーダーが、経済の成長と衰退に合わせて繰り返されていくというのがひとつのポイントです。また、巨大な国家となって「コンセンサス・ポリティックス」という政治形態があらわれたことで、「決断」をしていく若きリーダーから老人が主導権を握っていくというのも非常に興味深い現象です。

「根回し」社会は高齢者に有利

このように老人が主導権を握るという状況を日本企業に当てはめた時、私が不思議だと思っている文化が「顧問」や「相談役」です。

もちろん、外資系企業にもこのような立場の人は存在していますが、私が驚いたのは日本の「相談役」や「顧問」というのが、あまりにもよく会社にやってくるということです。責任感が強いのか、会社への愛情が強いのかはわかりませんが、まるで経営者のひとりのような顔をして毎日のように出勤してきては、役員会議にまで顔を出すような人もいます。

「それが日本企業のスタイルなのだからいいじゃないか」という意見もあるでしょうが、私は正直なところあまり良いことではないと感じています。

家族的な日本企業の場合、「相談役」や「顧問」というのは、多くが前社長などの立場で、その会社の経営に携わっているケースが多くあります。前の経営者が毎日のようにやってきて、ああだこうだと注文をつければ当然、今の経営者は非常にやりづらくなります。つまり、前の経営者の顔色をうかがったりするあまり、トップらしい「決断」ができなくなってしまう恐れがあるのです。

それにくわえて、「コンセンサス・ポリティックス」という政治手法が当たり前になっている社会では、「顧問」や「相談役」というような威厳のある年長者のほうがリーダーよりも存在感を増してしまうという現象も起きてしまいます。

みなさんも思い当たるふしがあると思いますが、社内の「根回し」を新入社員にできるわけがありません。それができるのは、ある程度キャリアがあってその組織のなかで一目置かれているような年代ではないでしょうか。

つまり、「コンセンサス」という「根回し」をするためには、「長老」や「ご意見番」のような立場の人のほうが顔がきいて適任なのです。

ただし、そんな年配者を気にし過ぎている傾向があるならば、それは現役の若い人のコミットもまた足りないということでしょう。

「顧問」の仕事は年二回

「だったら、顧問や相談役とどうやって付き合えばいいのか」と混乱している方のために、ご参考までに我が「小西美術工藝社」における顧問のルールをご紹介しましょう。

現在、何代か前の社長は「顧問」という立場になっています。私が彼にお願いしているのは、ただひとつ、非常にシンプルなことです。

半年に一回くらい、二〜三分間の相談をさせてもらいますので、それ以外は会社に来なくて結構です。

まるで厄介払いしているように聞こえるかもしれませんが、そんなことはありません。この「半年に一回の二〜三分」によって、私がどれほど助けられているかわかりません。

経営に関しては、だいたいは自分の頭で考えて、他の役員や社員等の意見を聞いて参考にしながら、自分で決断をしています。ただ、たまには、どうやっても私にはわからないことも当然あります。

そんな時、私は顧問に相談をします。彼は文化財の世界で長く生きてきた人ですから、私が疑問に思うようなことはすべて頭に入っています。このような経験に基づいたアドバイスをしてくれるのが「顧問」や「相談役」の本来の役目なのではないでしょうか。現役を退いた高齢者の仕事というのはここにあるのです。この二〜三分間は、半年以上の出勤よりも会社にとって貴重なものです。

ただ、いくら私がこのように言っても、顧問は「顧問料をもらっているので、半年に一回じゃ申し訳ない」なんておっしゃいます。もう十分働いたのだから、毎日好きな趣味に没頭するとか第二の人生を楽しんでいただきたいのですが、非常に責任感が強いのです。

日本に必要なのは「分析」

この章で私が言いたかったことをまとめますと、日本経済を立て直すためには、客観的な数字に基づいた分析能力がきわめて大事だということです。

先の戦争が終わった時、日本経済は戦前のＧＤＰの半分という前例のない窮状から復興をスタートさせました。大変な時代ではありましたが、戦前の日本には高い生産力がすでにありましたので、何をすべきかということは見えていた時代ではありました。もちろん、それを実行するのは本当に大変だったことでしょう。

その苦労があって現在五〇〇兆円に迫る経済基盤、一億二〇〇〇万人以上の人口を有する数少ない先進国になりました。しかしその一方、多くの借金を抱えて、人口が激減する時代を迎えつつあります。

ただ、私はそれほど悲観していません。経済というのは意外に「なんとかなる」という面もあります。もちろん、簡単ではないことは間違いありません。

その簡単ではない根拠が、繰り返しますが「数字」です。

徹底的に数字を集めて、大前提から考え直して、固定観念や都合のいいこじつけを排除する。そして、「非効率」の象徴ともいえる、わけのわからない不毛な議論を避けるべきなのです。

その舵取りをするのが、リーダーの役割です。これまでの日本企業のトップのように、コンセンサスを調整したり、人脈を重視したりするようなことをやっていても、効率の悪さは改善されません。

今、日本のリーダーに真に必要なのは、「数字」に基づいた分析と冷静な判断、そして不毛な議論にまどわされぬ決断力ではないでしょうか。

第四章　日本は本当に「おもてなし」が得意なのか

「おもてなし」にまつわる誤解

「面倒くさい」ということを避けず、「数字」に基づいた議論をおこなっていけば日本企業にはまだまだ〝伸びしろ〟があります。ただ、社会における価値観を急激に変えるのは容易ではありませんし、国内の人口も減っていくということを考えれば、日本の経済状況が急に好転するということは現実的になかなか難しいでしょう。

そこで注目を集めているのが、安倍政権が成長戦略のひとつとして掲げているクールジャパン、「観光立国」です。世界中から外国人観光客を呼び込み、国内のホテルや飲食業、観光産業が活気づくことで、内需を拡大させる。そして、その〝起爆剤〟になるのではないかと期待されているのが、二〇二〇年の東京オリンピックです。

この「観光立国」ということについて私は大いに賛成しています。後に詳しくお話をしますが、日本は観光面において他の先進国と比較すると非常に遅れていると言わざるをえません。「小西美術工藝社」の社長という立場からも、これをきっかけに観光資源である文化財に対して人々の関心が高まってくれることに大いに期待をしています。

しかし、その一方でこの「観光立国」のためにすすめられている「戦略」については正直なところ首を傾げざるをえないところが多々あります。

外国人観光客を増やすには「この国を訪れたい」という魅力をアピールするのはもちろんのこと、何度も訪れてくれるリピーターをつくりださなくてはいけません。そのためには、「この国にやってきて良かった」と思ってくれるような〝ファン〟をつくることがなによりも重要になってきますが、それができているとは到底思えません。しかも、なかには日本を訪れる外国人に誤解を与えるような〝宣伝〟をしているケースも見受けられます。

その代表が「おもてなし」です。

滝クリスピーチへの違和感

「おもてなしの精神で外国人観光客を呼び込もう」という感じで最近はつかわれることも多くなったこの言葉、今や「観光立国」をすすめるうえでのスローガンにもなっているような印象すらあります。この言葉が注目を集めたのは、やはり二〇一三年九月、五輪開催国を決定するＩＯＣ（国際オリンピック委員会）総会で、日本のプレゼンターとして参加したフリーアナウンサー・滝川クリステルさんのスピーチでしょう。

メディアでも繰り返し報道されたのでご存知の方も多いでしょうが、ここで改めてその箇所を抜き出してご紹介しましょう。

東京は皆さまをユニークにお迎えいたします。

日本語ではそれを「おもてなし」という言葉で表現いたします。

それは、見返りを求めないホスピタリティの精神。それは先祖代々受け継がれながら、現代の日本の文化にも深く根付いています。

「おもてなし」という言葉は、いかに日本人が互いに助けあい、お迎えするお客様のことを大切にするかを示しています。（ＩＯＣ総会での最終プレゼンテーション）

このようなスピーチのなかで、彼女は「お・も・て・な・し」とひと文字ずつ区切って強調したうえで合掌をしましたが、あの姿に私は非常に大きな違和感を覚えました。なかでもこれはまずいと思ったのはあの言い方です。

海外のネットやマスコミで酷評されたので、ご存知の方も多いかもしれませんが、「お・も・て・な・し」のような単語を区切って強調する言い方は、相手を見下している、バカにした態度ととられてしまうのです。さらに驚いたのは、このような批判を受けても、滝川さんはどこ吹く風で「日本国内では絶賛されました」というようなコメントをしたことです。

「おもてなし」と言いながらも、「客」の評価などどうでもいい。これでは単なる自分たちの身内で自慢話をしているような印象でしかありません。

報道によると、スピーチは五輪招致請負人とされる外国人トレーナーの指導によるものだということですから、もしかしたらＩＯＣ委員に東洋の神秘的な国というイメージをアピールしたかったという戦略なのかもしれませんが、かえって誤解を与えてしまったのではないでしょうか。

東京五輪を世界はどう見たか

このような誤解のなかでも最も大きなものは、外国人が求めている「おもてなし」と、みなさんが考えている「おもてなし」についての相違でしょう。

データを調べてみると、外国人が日本への旅行でどんな「おもてなし」に感動するのかというと、日本人ひとりひとりの個人としての「おもてなし」なのです。困っていると助けてもらえる。道を案内してもらえるなどなのです。

たしかに、日本式の「お辞儀」なども、欧州からなくなっている作法ではありますが、それはあくまで表面的なもので、真に評価されているのは、日本人の優しさ、その心です。

ところが「個人」ではなく日本の会社、飲食店、ホテルなど、いわゆる法人が提供するサービスというのは、みなさんが思っているほど評価が高くありません。むしろ、一方的なサービスの押しつけや、臨機応変がきかない、堅苦しいと酷評されるケースも多いのです。

評価が高いのは「日本人のおもてなし」であって、日本という国家や東京という「都市のおもてなし」ではないのです。個人に対する評価を強引に、組織に結びつけてはいけません。

これも本書で繰り返し指摘している「都合の良い結論にもっていくために、まったく異なる話をくっつける」という日本の悪いクセが出てしまっているようです。

このようなデータを裏付けるように、今回の「東京五輪」を勝ち取った経緯についても、日本人の評価と海外の評価には非常に大きな違いがあります。

日本国内では、滝川クリステルさんの「おもてなし」や「コンパクト五輪」が評価されたと報道されていますが、それはあくまで日本人がそう感じているだけで、実際に外国人に聞いた「評価」ではありません。

客観性を求める海外メディアなどでは、東京に決定した背景というのはかなり詳しく公開されています。そのなかでも一番大きいのは、トルコ（イスタンブール）の政治的不安というマイナス、スペイン（マドリード）の財政的不安というマイナスを見たとき、東京にはそのようなマイナスはない、つまり、リスクを嫌うＩＯＣにとって、不安材料が少なかったという点が、東京が選ばれた理由の一つです。と同時に、前回欠点とされた情熱のなさは見直され、御皇族の御臨席やパラリンピック・オリンピックの歴代メダリストたちの熱心なアプローチが伝わったのが決定打となったと言われています。

このような理由で勝ったにもかかわらず、「日本のおもてなしが世界で評価」というまったく事実と異なる報道がなされていることに、非常に大きな違和感を覚えました。

そもそも、日本だけが格別な「おもてなし」ができると言わんばかりのマスコミの主張も、外国人から見ると不可解です。トルコだろうがスペインだろうが、自分の国が外国人に対して無愛想だと思っているような国はありません。言葉は違えど、それぞれの「もてなし」があるのであって、日本の「おもてなし」だけが特別に高く評価された、ということはいっさいありません。

老舗温泉旅館のもてなし

このような日本人の〝勘違い〟がトラブルを招いてしまうのではないかと、私は心配をしています。

日本へ初めて観光で訪れる外国人からすれば、すべてが新鮮に映ります。自分の国と比べたらあまりにも文化が違いますし、日本人の丁寧さや礼儀正しさに最初は間違いなく感動します。

また、海外のサービス産業というのは行き過ぎた資本主義と国際化、アメリカの文化に悪影響を受けて、かつてあったサービスのレベルが下がっていますので、日本のサービスにある種の「懐かしさ」を感じることも多いでしょう。

ただ、やがて目新しさがなくなってくると、日本のサービスについてさまざまな違和感を覚えることがあります。観光産業というのはリピーターと口コミが大事ですので、これは致命的なマイナスです。

私も茶道をしていますので日本的な「おもてなし」の心は少なからず理解しているつもりです。滝川クリステルさんのおっしゃることのなかで「なるほど」と頷ける部分もありました。

しかし、その一方でこのような説明だけしかしないと、外国人のなかには「おもてなし」を単に高品質なサービスを提供してくれることだと勘違いをしてしまう人もいるのではないかと危惧しているのです。

なぜかというと、かつての私もそうだったからです。

ゴールドマン・サックス時代、海外からの大切なお客様を接待するため、日本らしい観光名所を案内するということで、一泊二日で箱根（神奈川県）へ行くことになりました。

宿泊先として、私が選んだのは長い歴史もある名門老舗旅館。宿泊費はかなり高いですが、サービスの質も高いと評判の宿だったので、お客様も私も日本の「おもてなし」を堪能《たんのう》できるに違いないと楽しみにしていました。

そんな観光旅行のなかで、ちょっとした事情から予定が変更されてしまい、当初の予定からかなり早く宿に到着することになってしまいました。チェックインの時間までかなりありましたが、海外から長旅を経た客人を休ませてやりたい。そんな思いから、旅館の女将《おかみ》に部屋に通してもらえないかとお願いをしました。

しかし、彼女は首を横に振ると、私にむかってこのようなことを言いました。

「すいません、お客様、当館では午後三時からのチェックインになっているので、その時間にまた来てもらえますか」

「部屋は空いていますか」と尋ねると、空いていると言う。「掃除はしてありますか」と尋ねると、もう終わっていると言います。じゃあ通していただけますかとお願いをしても、チェックインは三時です、の一点張りなのです。安いホテルなどならわかりますが、「一流」と呼ばれる高級旅館でこのような対応をするのはいかがなものかと大変驚いたものです。

客の都合に合わせない

女将からチェックインを拒否されて、私たちは途方に暮れていました。旅館はかなり静かな環境にあるので、まわりには特に観光名所があるわけでもありません。しかたがないので、その旅館に併設されているフレンチのレストランでお昼を食べようということで行ってみると、今度はお店の方がこんなことを言います。

「すいませんが、こちらは宿泊者のみのご利用になっております」

「本日宿泊するんですが、まだダメだと言われたんです」と一所懸命説明をしましたが、「まだチェックインしてないので」とあっさり断られました。あまりにも頑《かたくな》な態度に、予約を受けてから材料を仕入れるような「完全予約制レストラン」なのか、それとも予約ですでにいっぱいなのかと尋ねてみると、そうではないと言って、お店の方はこうつけ加えました。

「まだ席は十分あります、食材はあります」

私たちはこの旅館とレストランの対応にちょっと驚きました。海外で「一流」と呼ばれるようなホテルでは、客側がこのような申し出をした場合、なにかしらの対応をとってくれるものだからです。

たとえば、荷物を預かってくれるというのはよくあるケースですが、部屋が空いていないのであれば、場合によっては違う部屋で一時過ごして、準備ができたら部屋に通されます。あるいは、チェックインまでの時間を過ごせるような場所を提供してくれたりもします。

にもかかわらず、この「一流」の老舗旅館ではチェックインの三時までは一切のサービスをおこなわない、つまり「客」として扱わないというのです。

人間というのは期待が高ければ高いほど、それが裏切られた時のショックが大きくなります。「おもてなし」という上質なサービスが受けられると思っていた我々は、なんとなく出鼻がくじかれたような感じになり、チェックインしてから旅館のサービスを受けても、どこか楽しめませんでした。日本は「おもてなし」の国だと聞いていたが、そんなものはまったくデタラメではないか……。私たちのなかの誰もがそのように感じていたのです。

つまり何を申し上げたいのかというと、外国人が日本人に期待している「おもてなし」

と、日本人が現実におこなっている「おもてなし」の間には非常に大きな隔たりがあるということです。

滝川クリステルさんが言うような「おもてなし」を真《ま》に受けた外国人は、日本人の多くが見返りも求めずに「客」に奉仕をしてくれるサービス精神の持ち主だと思います。しかし、実際の日本の「おもてなし」は違います。サービスの大前提として、そのサービスを享受する側ではなく〝供給する側〟の都合がまず優先されることが多いのです。

一般的に、日本の高級旅館というのは、起きる時間、寝る時間、食べる時間帯、そして食べる内容まで、供給者側が決め、客はすべてそれに従うというのが主流ではないでしょうか。

この関係性は、家に招いた主《あるじ》（ホスト）と、招かれた客人（ゲスト）にたとえるとわかりやすいかもしれません。

先ほどの老舗温泉旅館の場合、私たちは「客人」ではありますが、早く部屋に入りたいという要望を受け入れてもらえませんでした。老舗温泉旅館という「主」の都合が悪かったからです。その家に招かれている以上、家の主が定めたルールに従わなくてはいけませんし、主の都合が悪くなれば「客人」は満足のいくもてなしを受けることができません。

つまり、日本の「おもてなし」というのは〝客の都合〟に合わせるという概念が欠如しているのです。

「おもてなし」は受け手が決める

滝川クリステルさんが「おもてなし」を「ホスピタリティの精神」と呼びましたが、この言葉からも客の都合がないがしろにされていることが窺《うかが》えます。

Hospitalityの語源は、ラテン語のhospes（客人等の保護）です。それがHospital（病院）、Hospice（ホスピス）といういろいろな言葉に発展しました。これらから読み取れるのは、たしかに見返りを求めてはいないものの、客を〝もてなしてやっている〟という「主」の立場です。

たとえば、病院というものは　救急患者なら別ですが、通常の診察窓口は受付時間が決まっています。好きな時にフラッと行って医師を呼びつけるというわけにもいかず、望む医師が出勤している時間に合わせなくてはいけません。つまり、病院という「主人」のルールの範囲内で、もてなしを受けることができるのです。

ここに客という視点がないというのは「サービス」という言葉を考えればわかります。Serviceの語源はラテン語のservus（奴隷）で、Slave（奴隷）、Servant（召使い）という言葉へ発展したように、主従関係における「従」という立場からおこなわれるものとなっています。従者として、主人に対して奉仕をする。ですから、サービスを提供する側は、できるかぎり「主」のリクエストに応えるようにします。そのようなサービスの対価として、チップを払うという習慣があるのです。

そう考えると、「おもてなし」がサービスではないことは明らかでしょう。では、「ホスピタリティ」なのかというと、私はこれにも賛同できません。ホスピタリティは「見返りを求めない」ということが前提ですが、今日本でつかわれている「おもてなし」はインバウンド、内需拡大という見返りをしっかりと求めています。

事実、『大辞泉』(第二版)で「(お)もてなし」をひいてみると、「饗応」という言葉がでてきます。酒や食事などで接待することという意味ですが、これは大切に扱うことでの見返りを期待している意味合いがあります。また、相手の機嫌をとるような言葉を「饗応言」と呼びます。

そういう意味では、滝川クリステルさんの「お・も・て・な・し」というのも、IOCの理事や委員たちのご機嫌とりをした「饗応言」とも言えるかもしれません。

以上のことから、「おもてなし」について重要なポイントは二つあります。ひとつは、海外では「おもてなし」を受けたかどうか、評価をするのは客であって、供給者側が決めるものではないということ。そして、もうひとつが、日本人が自画自賛する「おもてなし」と、外国人観光客が評価をする「おもてなし」は違う場合があるということです。

「お客さん、閉店ですよ」に驚愕

もちろん、すべての外国人が同じ違和感を覚えるわけはありません。しかし、さまざまな国の人たちのデータを見ますと、日本の「おもてなし」に疑問を感じる人は多いです。

その顕著な例が、先ほどの旅館の女将のようにサービスを提供する側の人が、なにかにつけて発する「できません」という言葉です。こちらとしても、法律で禁止されるようなことや、なにか大きな損失を生むような不当な要求をしているわけではありません。

チェックインを少し早める、など物理的には不可能ではないことばかりです。これも日本の効率を下げている「面倒くさい」の影響ではないかと私は思っています。つまり、「できません」ではなく正しくは、「面倒くさいから、やりたくありません」というのが本当なのではないでしょうか。

さらに、このような違和感のなかでも欧州からの観光客が最も強く感じるのは、飲食店から言われる「お客さん、そろそろ閉店の時間です」でしょう。

ヨーロッパでは、それなりのお店では、「閉店時間」というものはありません。客が朝まで居座ったとしても、店としてはなかなか文句が言えないのです。ですから、「他になにか注文はありませんか」などと遠回しに言いますが、ストレートに「もう閉める時間だから帰ってくれませんか」という対応には戸惑いを感じるのです。

もちろん、従業員が終電に間に合わないとか、いろいろな事情があるのでしょう。店側が従業員を気遣うというのは日本人の心の良い面のあらわれかもしれませんが、店側が勝手に決めた「閉店」を客にストレートに伝えるということは、欧州では非常に珍しく感じられ、「おもてなし」の心がないという評価にされかねないことなのです。

日本のクレーム対応は「説得」

ここで誤解のないように言わせていただくと、これまでと同様、私は日本の「おもてなし」を批判しているわけではありません。みなさんが「おもてなし」と呼んでいるものは、圧倒的に客よりも供給者側（主）の都合が優先されているという現状を指摘しているだけです。


日本のサービス業にかかわる方たちはみなさん、

「我々はそんなに傲慢ではない。常にお客様視点でおもてなしをしている」

とおっしゃいますが、私から見ると、悲しいかな、とてもそのようには見えません。

一流と言われる寿司屋に行けばわかると思いますが、客はその店の寿司職人が定めたルールで、寿司を楽しまなくてはいけません。魚の食べ方ひとつとっても、「最初に何を食べて、これは塩をつけて食べてください」と細かいところまで指図をされます。そこでは客側がこうしたい、こう食べたいという〝都合〟は通用しません。

日本人はそんなに傲慢ではないというお叱りの言葉が聞こえてきそうですが、これまでアナリストをしていた時も何度もそのような場面をみてきました。

ゴールドマン・サックス時代、ある有名金融機関の役員と親しくしていました。彼によれば、その銀行の「クレーム三大支店」は、西麻布、青山、赤坂支店らしいです。ちなみに私はそのうちの二つに口座をもっていて、クレームを入れたこともあります。おそらくクレーマーリストに入っていることでしょう。

金融機関へのクレームですから金銭がらみであることも多いでしょうし、一筋縄ではいかない方が多い印象です。とはいえ、私がクレームを入れたことはいつまで経っても良くなることはなく、対応は長い説明と謝るだけですので、どういう指導をしているのか聞いてみました。すると、その役員はこんなことを言いました。

「クレームに対応をするのではなく、行員は説得する役割です。うちにクレームをしてくる人というのは、うちのサービスについて誤解をしているので、まず理解をしてもらうのです。もしくは、怒りがおさまるまで謝るだけです」

納得いくまでとことん話をするとかいう答えを予想していた私は非常に驚きました。クレームを入れる人は「誤解している」ととらえる発想は、外資系金融機関でいろんな国の人たちと仕事をしましたが、初めて聞きました。

彼によれば、その金融機関ではクレームが減るということが「評価」の対象となるということでした。クレームをつけられている仕事のやり方を見て、場合によってはその銀行のやり方を変えることで、根本的にクレームをなくしていくということではなく、クレームをつける側に理解を求めて、自分たちは何も変えずにクレームを減らしていく。自分たちの供給しているサービスを変える必要はない、そんな考えがにじみ出ている対応だなと感じたものです。

銀行カードがつかえなくなったら

もちろん、クレーム対応だけではありません。私から言わせると、日本社会ではこのような〝供給者側の理論〟が溢れ返っている印象です。

先ごろ、キャッシュカード兼クレジットカードを再発行しました。更新されたカードが自宅へ郵送されたのですが、どういう理由かわかりませんが一週間ほどで使用できなくなってしまったのです。

しかたがないので窓口へ行ってみると、カードに不備があったということがわかったのですぐにまた再発行をお願いしました。すると、驚くようなことが起こったのです。

まずはカードの破損届に、名前と住所を書かされます。さらに、まったく同じ情報を再発行届にも書かせます。やはり「東京都」からではないと書き直しを求められます。それにくわえて、捺印、通帳、さらには外国人登録証明書の提出も求められたので、自宅に取りに戻らなくてはいけなくなりました。

銀行側の問題でカードがつかえなくなってしまったというのに、まるでこちらが悪いような手続きに非常に違和感を覚えました。

さらに、耳を疑ったのはカードの再発行に「最短で三週間はかかる」という点です。キャッシュカード兼クレジットカードですから、振り込み、引き出しはもちろんクレジットはどうすればいいのか。何もできないと困ると迫ったところ、「午前九時から午後三時の間に通帳をもってきて窓口でお願いします」と言われました。

窓口は時間が限られているので並ばなくてはいけないし、手続きによってはＡＴＭよりも料金がかかってしまうものがあるが、それはどうしてくれるのでしょうかと食い下がっても、それは別問題ですと何も対応してくれません。さらには、窓口の手数料が高いのは人件費を反映しているからなのです、と銀行のビジネスモデルに対する「理解」まで求められました。

つまり、客の都合ではなく、銀行という「主」の都合が優先されているのです。おそらく、金融行政でそのように定められているのでしょうが、銀行もその完璧主義に「美」を感じて、書類の完璧さに酔いしれている部分もあると思います。悪いことではありませんが、あまりにも自己満足が行き過ぎると、手続きの完璧さよりも無駄というマイナスのほうが多くなってしまい、日本の効率化のレベルに悪影響を与えてしまいます。

アメリカでは同じ手続きがすぐ

銀行側の不備だというのに、当たり前のように利用者が不便さや負担を強いられる。このような供給者側の理屈を平気で押しつけることを言うのが、まず驚きです。

それに対しておかしいじゃないかというのは、すべて「クレーム」として扱われます。クレームに対してノートをとって記録するわけでもない。しかるべき立場の責任者が出てくるわけでもない。窓口の方などがただ黙ってじっと聞くだけ。何かをするわけでもなく、気持ちを受け止める。まさしく「対応」をしているだけなのです。

「不満はわかるけど、銀行側もいろいろな手続きが大変なんじゃないの」と思うかもしれませんが、そんなことはありません。

アメリカで同じようにキャッシュカード兼クレジットカードの再発行をしたことがありますが、パスポートを出して本人確認をしたら一〇分ほどで新しいカードが手元にやってきました。書類手続きはいっさいありません。日本は「世界で一番のおもてなしの国」だと自分で言いながら、実はアメリカのサービスに負けているのです。

こういう誰も得をしない非効率をなくすよう努力をする必要があるのではないかと思っています。残念ながら、日本は「技術大国」「おもてなし」など自画自賛ばかりをしているご都合主義がゆえ、社会のなかに蔓延するこのような「効率の悪さ」に気づいていません。国が主導してペーパーレスなど業務の効率化を呼びかけるなどして、そろそろこのプロセスを考え直すべき時期にきているのではないでしょうか。

客に対する「技術」の押しつけ

日本社会のひとつの特徴として、サービスを提供する側である企業などの自身の「都合」

があまりにも前面に出過ぎてしまうと、目の前で接しているはずの「客」が見えなくなってしまうケースがある、ということをぼんやりと学んだ私が、再びそれを目の当たりにしたのは、ゴールドマン・サックス日本支社で働いていたときのことでした。

仕事を介して知り合った人が、某携帯電話会社の社外取締役をすることになりました。その会社の携帯電話は非常にハイスペックで、なおかつ多機能というものが多いことで知られていましたが、知人は「そんなものお客さんは求めていないのではないか、使いこなせていないのではないか」と意見を述べたそうです。すると、技術部門の役員からこのような反論がありました。

「この小さなスペースに、この機能を入れるのに我々がどれだけ苦労をしたと思っているのですか。このスペースにここまでのものを入れられたのは、日本の技術だから可能なのであって、世界のどこでも他にはないんですよ」

携帯電話の機能というのは本来であれば、お客さんが不便だと感じ、携帯についていて欲しいと望んでいる機能であるはずです。しかし、そのような顧客のニーズを調査していないのです。彼らのなかでは目の前にいるはずの「客」が見えていません。客が必要とする携帯をつくる、という目的から、とにかく「携帯電話に高機能を入れる」ということに目的をはき違えてしまっているのです。

当然、この携帯電話会社の商品は、海外の携帯会社や国内のライバルに追い抜かされてしまいました。もうおわかりだと思いますが、これがいわゆる〝ガラパゴス携帯（ガラケー）〟と呼ばれるものです。

海外のトレンドや、ユーザーが求めるものを無視した機能やサービスやコンテンツをつくりあげたことで独自の進化を遂げた日本の〝ガラパゴス携帯〟は、海外市場からは完全に孤立し、国内でも各メーカーが撤退してしまい、家電量販店やスーパーでは「世界基準」であるスマートフォンが売られるようになりました。

ガラケーの敗北は、技術力の敗北ではありません。これは「供給者側の都合」をあまりにも優先させてしまった結果、「技術」をお客さんに押し付けてしまったがゆえの敗北だと思っています。

「私たちのルールはいっさい変えないので、もし客になるのなら私たちの都合に合わせてください」——このような日本式の「おもてなし」が行き過ぎていることを示しているのではないでしょうか。

さらにここにはもうひとつ重要なポイントがあります。それはこのような「非効率」の問題に、多くの日本人がすでに気づいているということです。

外国人である私に指摘されるまでもなく、みなさんはそれに気づいています。しかし、「どうせなにも変わらない」「なにを言っても無駄だ」というようなマイナス心理が社会全体に蔓延しているように感じるのです。

みながわかりきっている問題を積極的に解決していくという姿勢やプロセスは、「変わらない」と絶望している国民にとってはその問題解決の効果以上に希望が持てるという心理的なプラス効果がある。それは海外でも確認されている事実であり、私自身も小西美術工藝社の経営で身をもって体験したことです。

茶道における「もてなし」とは

ここまで私は日本社会でおこなわれている「おもてなし」というのが、実はみなさんが思っているものや、外国人観光客がイメージするものとだいぶ隔たりがあるのではないかということを述べさせていただきました。

それを厳しい言葉で言わせていただくと、こんな感じでしょうか。

滝川クリステルさんがおっしゃったように「客を大切にする」というような精神では

なく、「客になるのなら私たちの都合に合わせてください」とでもいうような上から目線、主人（供給者）側の視点にたっておこなわれるサービス。

たしかに滝川さんがスピーチで言ったように「ユニーク」ではありますが、これでは世界中からやってくる外国人観光客は満足を得ることなく、日本のファンにはなってくれないのではないでしょうか。

「同じ日本人ならばまだしも、よそからきた外国人に何がわかる」と不快になられた方も多いと思いますが、そのような反発がくることも覚悟したうえで、なぜこのような問題提起をしたのかというと、私自身が日本の「おもてなし」がこんなものではないと信じたいという思いがあるからです。

裏千家に入門してから、お茶の師匠や、茶道が縁で知り合った方たちと定期的に茶事を開かせていただいているのですが、そこにいらっしゃる日本人のみなさんの「おもてなし」は本当に素晴らしいの一言に尽きます。客に対する細かい心遣いが徹底されていますので、客として招かれても非常に気持ちが安らぎます。

彼らの「おもてなし」と、世間でいわれる「おもてなし」の間でいったい何が違うのだろう、と考えた時に、私は千利休の「利休七則」が頭に浮かびました。ご存知のように利休は、侘《わ》び茶を大成した茶人で、彼は茶道における「もてなし」の教えを「利休七則」としてまとめています。それは以下のようなものです。

一、茶は服のよきように点て
二、炭は湯の沸くように置き
三、夏は涼しく冬暖かに
四、花は野にあるように
五、刻限は早めに
六、降らずとも雨の用意
七、相客に心せよ

ここでは客を快適にするために、いかに主人（ホスト）が心遣いをするべきかということが述べられています。といっても、相手になにかを言われたり、要求に応じるのではなく、相手の好みを察する。相手が求めているものを先まわりして、それを「もてなし」とする感覚です。

「客」に対する「心遣い」を

とはいえ、お茶の基本は「もてなすための臨機応変」なのですが、裏千家の場合、組織を大きくする段階で、たくさんの人に教えやすくするために、型が強調され過ぎる傾向はあります。お茶碗を二回まわすことが、お茶のもてなしを楽しむより大事と考えるなどは利休の教えを無視した行き過ぎでしょう。お茶の本質は「心」にあるのです。それは本当に素晴らしい。

この教えから見えるのは、「客の都合」を無視するような「傲慢な主人」ではありません。「客」のために万全を期してあらゆる準備をし、心地よい体験を演出するという、自らの頭で極上のサービスを考える「心遣いの主人」ではないでしょうか。

日本にはまだまだこのような「おもてなし」ができる人たちが少なからず存在しています。私はイギリス人として、このような人たちの「心遣い」に触れた時に、「日本に住んでいて良かったな」と感じます。国籍は違えど、ほかの外国人もそれは同じではないでしょうか。

今、日本に必要なのは「おもてなし」を極上のサービスのように勘違いをさせるようなプレゼンテーションではありません。供給者側が圧倒的に強く、「客」がないがしろにされるこの国のなかで、どれだけ外国人観光客に「心遣い」ができるのかということなのです。

この章で私が述べたかったことを要約すると以下の三つになります。

・「おもてなし」ができているかどうかということは、自分が決めるものではなく相手が決めること

・「客」よりも「供給者」の都合が優先され過ぎてしまう傾向があるので、考え直して調整をしたほうが良い

・一部の高い評価を、すべての評価にこじつけてしまうと、見直さなくてはいけない問題が見えなくなる

特に最後のことに関しては、これまでお話をしてきた経済にもつながるところです。直すべきものが見えなくなってしまっては問題を解決することができませんから、成長にもつながりません。

逆に、「数字」というデータを基に分析することで、現実をしっかりと受け止めて客観的な基準に基づいて見ていけば、経済成長にもつながっていくはずです。

そこで次章からは、日本の「おもてなし」のひとつとして位置づけられる「観光立国」というものを客観的に分析していきましょう。

第五章　「文化財保護」で日本はまだまだ成長できる

イギリスです。

手厚いイギリスの文化財補修費

「文化財保護」にどのような効果があるのかということで参考になるのが、私の祖国である

かつてのイギリスにはポンド高に苦しみ経済が非常に低迷している時代がありました。製造業の衰退で仕事がなくなってしまった人々も多くいました。そこで文化財保護を産業政策のひとつに位置づけて、文化財の保護予算を増やしてきたのです。予算が増えたことで、英国文化を守ることができたのはもちろん、文化財保護にまつわる様々な仕事が生まれたことで雇用促進につながりました。特に地方経済が活性化して、治安まで改善したのです。

では、どれくらい文化財保護予算を増やしたのでしょうか。表6をご覧ください。イギリスでは指定文化財に対して年間で日本円にして五〇一億円程度の修理代を国から出していま す。とはいえ、これは世界的に見れば決して多いほうではありません。

一方、日本では国宝・重要文化財に対して建造物の修理代として出している予算は年間八一・五億円に止《とど》まります。一人当たりでは文化財修理予算はイギリスの七八〇円に対して、日本は六四円しかないのです。イギリスに比べて日本は二倍の経済規模があるので、単純に置き換えれば、一〇〇二億円程度の予算があってもいいのです。日本の予算がいかに少ない

	日　本	英　国
保存修理予算	81億5,000万円 2014年度	約500億円
GDP（2013年）	478兆円	276兆円
保存修理予算対GDP比率	0.0017%	0.018%
人　口	1億2,713万人 2014.3現在	6,411万人
1人当たりの修理予算	64円	780円
観光客数(2013年)	1,036万人	3,117万人
観光業対GDP比率	2.3%	6.6%
雇　用	187万人	310万人
文化財訪問率	23.5%	80%以上
指定文化財建造物の数	2,630件(4,895棟)	約12,500棟

表6　日本と英国との比較　文化庁、観光庁、English Heritage、世界銀行、UNWTOなどのデータをもとに作成

かということがわかっていただけると思います。

ところで、今日本がすすめている「クールジャパン」と似たような名称がイギリスにもありました。「クールブリタニア」という戦略です。

この「クールブリタニア」を始めた時に、イギリスでは文化財や観光ビジネスにまつわる「数字」を徹底的に分析していますので、それを見ながらイギリスがどのように文化財保護政策に力を入れていったのかを振り返りましょう。

イギリスの文化財不遇時代

イギリスの文化財といえば貴族の館

です。一八世紀から一九世紀がその最盛期です。

資本主義が発祥して産業革命を果たしたイギリスですが、実は一九世紀でも経済の中心というのは、農業でした。

しかもコーン法という法律に基づいて、小麦の価格が統制されていたため、食料価格が非常に高かったということがあり、労働者の収入のほとんどが食料に費やされるという時代が長く続いたのです。そのなかで力を握ったのは地主でした。その圧倒的な財力をもって「イギリス貴族の館」という文化が花開いたのです。つまり、みなさんがイメージする「イギリス紳士」などの文化というのは実はこのコーン法が背景にあるのです。

自由化によってそのコーン法が廃止され、それまで穀物の輸入の比率が二パーセント台だったものが、一八八〇年代には四五パーセントとなり、小麦の場合は六五パーセントにまで上がりました。当然、農地の価格は下落していきます。それに追い打ちをかけるように、所得税や相続税も上がっていきました。イギリスの貴族たちにとって〝冬の時代〟が訪れたのです。

館文化を支えてきた貴族の力がなくなれば当然、館も消えていきます。調査では、一八七五年から一九七五年の間までに一一一六件の館が潰され、これは全体の約四分の一にあたる数です。なかでも、近代になってからは戦争中に軍に使用されることが多く、内装などは破壊されていきます。ピークは一九五五年。七六件の館が潰されています。

伝説の展示会

そのように自国の文化財を破壊し続けてきたイギリスが大きく変わったのは一九七四年でした。

きっかけは、工芸品の分野では世界最大級の収蔵を誇るビクトリア・アンド・アルバート博物館で、主に貴族の館についての展示会が開催されたことでした。

潰されてしまった一〇〇〇件の館の写真を中心に、この一〇〇年の間で潰された様々な文化財を取り上げたこの展示会は国内で非常に大きな反響を呼びました。

イギリス人のなかで、貴族の館が「文化財」というシロモノで、国民が守らなくてはならないものだという意識が芽生えたのです。

時を同じくして、政権を握っていた労働党の政策が変わったことも、そのような意識に拍車をかけていきます。イギリス的な封建制度と闘ってきた庶民からすれば、貴族の館というのは特権階級の象徴です。労働党が文化財というものが国民の「共有財産」であり、それを保護すべきだという政策へ大きく舵をきったのです。

それを象徴するのが一九七五年に設立された「ＳＡＶＥ」という組織です。新聞記者や、歴史の専門家等によって構成されるこの「SAVE」が、修理すべき物件や救うべき物件を本や展示会、新聞記事等によって国民に広く訴える活動を開始したのです。

当初は貴族の館だけでしたが、一九七七年からは教会建造物の保護も訴え始めました。さらに一九七九年には工場や鉄道の駅、発電所まで含まれるようになりました。先日、日本でも富岡製糸場が世界遺産に登録されましたが、イギリスでも、世界初の産業革命を支えた歴史ある工場がいくつもあります。みなスケールが大きく立派な建造物ではありますが、産業の主役がサービス業へと移っていくなかで取り壊されてしまっていたので、それに歯止めをかけようと「SAVE」が訴え始めたのです。

さらに、イギリス文化といえば忘れてはいけない「パブ」も一九八三年からは保護すべきだということで、キャンペーンを始めました。ともあれ「SAVE」は、イギリスの文化財保護の重要性を三〇年以上にわたって啓蒙してきたといえるかもしれません。

ボランティア団体が主役

では、それまでイギリスでは文化財保護がまったくなされていなかったのかというと、そんなことはありません。

その代表が、チャールズ皇太子が総裁をつとめるボランティア団体「ナショナルトラスト」でしょう。この団体の歴史は古く一八九五年、歴史的建築物や自然区の保護を目的として設立されました。

「ナショナルトラスト」は当初、急速に都市化がすすむイギリス国土のなかで、田園風景と自然公園を確保するため、主に海岸や山の土地を寄付金で購入していきました。それが一九〇七年、イギリス政府が「ナショナルトラスト法」を制定し、活動を法的に支持したことで大きな貴族の館の購入も始めていきますが、修理コストがかさむことからなかなか大きな建造物が購入できないという状況が続きました。

転機が訪れたのは、一九三七年のナショナルトラスト法改正でした。この改正で、買い取りだけではなく貴重な資産の所有者とトラストが保存の契約を結び、両者が協力して資産を保護し、管理することを認めたのです。所有者には相続税の減額などの特典が与えられることとなり、大規模建造物や土地をナショナルトラストに寄付する所有者が増えていったのです。チャーチルや「ピーター・ラビット」の原作者であるビアトリクス・ポターという著名人も、所有する屋敷や土地を提供しました。

もちろん、団体も急速に拡大していきます。スタート時は一〇〇名程度だったメンバーが、第二次大戦後は一万二五〇〇人、一九六五年には一五万人、そして一九八一年には一〇〇万人を突破したのです。

現在、「ナショナルトラスト」は現存する五〇〇〇の貴族の館のうち、一〇〇〇以上を所有しているといわれています。また、所有管理している海岸はイングランドとウェールズの海岸線の約二五パーセントに相当する一一九四キロメートル、土地は七億四七〇〇万坪に相当し、国土の一パーセントです。東京都に置き換えたら二三区の約四倍の広さをボランティア団体が所有しているというわけです。

なぜそんなことが可能なのかというと、豊富な資金力にあります。二〇〇九年のデータによると、収入は日本円に換算すると約三四五億円。その四七パーセントがメンバーからの寄付でなりたっています。支出のなかで文化財の維持管理・修理費用は九七九五万ポンド、日本円換算（一ポンド＝一七〇円）だと一六七億円に相当し、そのなかで建造物にあてるのは八三億円ほどです。

日本政府が出している国宝・重要文化財の建造物の保存修理費というのは、イギリスの場合、環境保護団体が捻出《ねんしゅつ》しているおカネさえも下回っているというわけです。

共有財産という共通認識

このような民間、ボランティアの活動にくわえて、イギリス政府としても当然、文化財保護をおこなっています。それをおこなっているのが一九八四年に誕生した独立行政法人「イングリッシュヘリテージ」（以下、ＥＨ）です。

ＥＨは、文化財などで様々な縦割り行政だったものを統一した組織で、担当しているのは国が管理する建造物の保護と文化財の規制等、そして保護建造物の指定です。

イギリスでは戦争の空爆で破壊された文化財や建造物を修理するため、その優先順位を決めることが一九四七年に立法化されています。また、一七〇〇年以前に建てられたものは原則すべて保護、それ以降でも一八四〇年まではほぼ保護に指定されています。つまり、イギリスでは古い建物というのは、すべて国が規制をしているということです。

工事をするときにも許可が必要で、勝手に増改築をすることも許されません。また、定期的に検査をおこない、保存状態が良くないものは指導がはいり、あまりにも改善されない場合は強制的に所有者から買い上げてしまうこともあるのです。

イギリスといえば、議会制民主主義の発祥の地ということから、個人の自由や権利というものはしっかりと確保されているというイメージかもしれませんが、こと文化財に関してはきわめて国が強い権力をもっています。この背景には、「文化財」というのは個人の持ち物ではなく、国民の共有の財産であり、所有者は「預かっている」だけという基本的な考えがあるのです。

「リサーチ」の重要性

ＥＨのスタッフは二五七八名。面白いことに女性はその中の六一・二パーセント。所有物に関するスタッフは八三五名で、所有している文化財は四〇〇ほどあります。そのなかで最も有名なのはストーンヘンジです。

先にトラストの収支をご紹介しましたが、ＥＨの収入は日本円で換算すると三一七億円。その五四パーセントにあたる一七〇億円が補助金で、残りはＥＨのメンバーからの会費が三九億円、入場料収入が三〇億円、カフェ等の販売店の収入が二五億円などです。

一方、支出のなかで一番大きなコストは、一三七億円の建造物の運営コストとアウトリーチ、つまり、イベントや宣伝費用です。そして、次に大きいのが五七億円という「リサーチ費用」で、このなかに修理費用が含まれます。なぜ修理が「リサーチ」と一緒になっているのかと疑問に思うかもしれませんが、地域の調査や、修理や保存にまつわる調査もこれに含まれているからです。

また、「リサーチ」と一言でいってもそれは単なる調査にとどまりません。どうやってプレゼンテーションをすればいいのか、あるいは政策にそった形で文化財をどう位置づけるのかなどの戦略まで策定するもので、たとえば貴族の館であれば展示の方法や内容まで言及し、そのポリシーには国への提言も含まれています。

事実、ＥＨは大変な数の報告書をまとめていて、彼らの分析はイギリス政府の「世界一透明な文化財保護政策を実行する」との公約に基づいており、その分析は様々な場面で活用されています。

波及効果は三兆五〇二〇億円

ＥＨに限らず、このような「リサーチ」ができる予算があるということが、実はイギリスで「文化財」がビジネスとして成立している大きなポイントとなっています。

予算があるので、いろいろな専門家や第三者に分析の依頼ができて、その予算の正当性をアピールできる。ゆえに、予算を維持したり増やしたりすることができるという「好循環」が生まれているのです。

その好例が、「文化財宝くじ」の収益から文化事業へ分配されている補助金をつかって、二〇〇九年におこなわれた調査です。これは「文化財ビジネス」がイギリスにとってどれほど重要な貢献をしているかということを徹底的に調べあげたものでした。

その分析によると、文化財を中心とした観光経済は年間一二四億ポンド、日本円に換算したら約二兆一〇八〇億円にものぼるというのです。さらに、その中の三九・五パーセントは海外からの観光客によるものと推定されていました。

ＧＤＰに反映される直接的な効果は七四億ポンド、波及効果を含めると約二・八倍の二〇六億ポンド、つまり三兆五〇二〇億円にものぼるというのです。

直接的な雇用効果は一九万五〇〇〇人とされ、波及効果まで含めると四六万六〇〇〇人となる。六〇〇〇万人という全人口のおよそ〇・八パーセントを占め、労働者人口では一・六パーセントを占めるという非常に重要な産業だという結果が出たのです。ちなみに、国家公務員の数は五三万人（二〇一〇年六月当時）です。

「来客業界」の巨大市場

もちろん、この「文化財」には自然文化財といわれるイギリスの庭園や公開されている森林や野原なども含まれているので、ここで建造物の文化財に絞って計算をしてみましょう。

まず観光経済は年間一二四億ポンドの五八・九パーセントに相当する七三億ポンド、約一兆二四一〇億円分が、貴族の館や教会、美術館などが貢献しているということになります。

この分野における直接的な雇用は一一万三〇〇〇人。波及効果を含めると、二七万人と言われています。

ＧＤＰに対しては波及効果込みで一一九億ポンド、約二兆二三〇億円ですので、ＧＤＰの〇・七パーセントに相当します。イギリスのGDPは約二七六兆円（二〇一三年）で、日本のおよそ半分です。この数字はたいして大きくないと思われるかもしれないが、この数字はあくまで「観光」のみに対する影響で「修理・保存」などが含まれていません。

政府の統計によると、建設業はGDPの五・八パーセントを占めていますが、そのなかの約三六パーセントが一九一九年以前に建てられた建造物、つまり文化財に関わっているというEHのデータがあります。これを掛け合わすとGDPの二・一パーセント弱が文化財関係ということとなり、先ほどの波及効果も合わせると、約二・八パーセント弱となるのです。

また、「VISITBRITAIN（英国政府観光庁）」の調査では「来客業界」というくくりで数字を出しています。これは海外からビジネスや観光でイギリスを訪れる外国人の経済効果に、国内で旅に出ているイギリス人による経済効果を足したもので、一一四〇億ポンド、約一九兆三八〇〇億円もの観光経済があります。ちなみに、これはイギリスのGDPのおよそ七パーセント。国内では五番目に大きな産業となっているのです。

労働者の一割弱に及ぶ効果

細かい数字の話が続いてしまい恐縮ですが、観光への「おカネ」の効果が見えてきたのではないでしょうか。

そこで次は「人」を見ていきましょう。

イギリスに海外から訪れる観光客数は年間約三〇〇〇万人。アンケート調査によれば、その四〇パーセントが文化財を体験することが主要な動機になっており、九〇パーセントの人が、少なくとも一ヵ所以上の文化財を観光しているという結果が出ています。

これはイギリス国民も同様で、五三パーセントが年一回以上、文化財を観光するために旅に出て、四二パーセントが年一回は美術館か博物館に行きます。この両者の来客数は年間四〇〇〇万人程度だと推定されています。貴族の館、城、大聖堂などの歴史的建造物の来客数はおよそ年間四八〇〇万人となっていることからも、この数字はおおむね正しいでしょう。

これらの分析によれば、この観光客がその旅につかう費用の三二パーセントが文化財でつかうお金で、残りの六八パーセントがホテルやショッピング、カフェやレストランでつかわれます。なんだ三分の一程度かと思うかもしれませんがこの六八パーセントのおカネもあくまで「文化財を見にいく」という目的に付随してつかわれていることも忘れてはいけません。

では「人」についてのもうひとつ、雇用はどうでしょうか。波及効果を含まない直接的な雇用は二〇〇七年現在で一三六万人。考慮した場合は二六五万人の雇用になっています。これはイギリス人労働者の二九〇〇万人の九・一パーセントに相当します。直近のデータでは、雇用が三一〇万人まで増えています。

このような数字からも、イギリス経済で非常に大きな役割を占めていることがわかっていただけると思いますが、表層的な数字だけではなく中身のほうがより大きな意味をもっているのです。

若い低所得者を直撃する低迷

それを説明するために、イギリス中部の「ブラックカントリー」を例にだしましょう。この地方はかつて町工場が溢れていました。「ブラックカントリー」という名の由来も、町工場で石炭をつかっていたので、建物が煤《すす》だらけだったからと言われています。

このブラックカントリー地方はかつて「世界の工場」と呼ばれるほど市場を支配していましたが、アメリカやドイツの発展によってマーケットシェアが下がり始めました。一九五〇年代になると本格的な崩壊が訪れます。

生活水準の向上による賃金上昇、設備投資が不十分であったり、組合の強化等であったりさまざまな要因が指摘されていますが、何よりも致命的だったのはポンド高でした。

これによって付加価値の低いところがまずダメージを受けるというのは自然の流れでしょう。業種としてGDPに占める直接的な貢献度合いが大きくなくても、労働者に占める比率は圧倒的に高いというのが製造業の特徴だからです。また、製造業というのは特に若い低所得者が多いという特徴もあります。若い低所得者というのは学歴が低いという傾向もあるので、製造業からクビ切りをされると再就職が難しくなり、失業してしまいます。学者はポンド高に対応するために付加価値の高い産業にシフトすれば良いと簡単に言いますが、その転換についていけない労働者は当然多くいます。

そんな〝負の連鎖〟が七〇年代から、ブラックカントリー地方を中心にして巻き起こります。失業率がぐんとあがってしまうのです。

文化財修理は若者を救う

なにやら日本の姿が重なる部分もありますが、イギリスが大きく異なるのは、この失業率がアップしたタイミングに合わせて、八〇年代より文化財修理の仕事が本格的に始まったことです。

文化財修理の仕事というのは基本的に最先端技術よりも伝統的技術を用います。材料も道具も大量生産のものをつかいません。いわば、非常に非効率な仕事と言えます。

これは日本の職人を思い浮かべていただければわかると思います。神社を修復する宮大工は、伝統的な道具や技術をたよりに、技術と人力で作業をおこなっています。このように

〝手間〟がかかるというのが、文化財修復の特徴と言えます。

その〝手間〟を少しでも省くためには、人を大量に雇わなければいけません。つまり、非常に良い雇用効果を生むというわけです。

さらに効果の中身に目を向ければ、低所得者対策になることは明らかです。職人という技術の仕事には学歴はあまり関係ありません。有名大学を出た、なんてことよりも、身体で技術を覚えていく。そういう意味では、製造業から溢《あぶ》れてしまった若い低所得者の〝受け皿〟として機能しているのです。

多くの雇用が生まれて、なおかつそれが学歴を問わず若い低所得者にも有効である。つまり、文化財修理ということは、国の雇用対策にとって非常に良い投資先なのです。

地方振興の起爆剤に

しかも、このような雇用効果は都市部ではなく地方のほうがより顕著に効果としてあらわれます。イングランドのデータでは、地方に行けば行くほど観光産業が占める割合が高くなります。雇用に占める比率も高くなっているわけです。また、イギリスでは公共投資で新しいハコモノをつくるより、文化財の修理と利活用のほうが圧倒的に経済効果があることも証明されています。

これをそのまま日本でやるというわけにはいきませんが、日本においても非常に参考になる「数字」ではないでしょうか。

円高の影響で日本国内の町工場が打撃を受け、製造業が苦戦をしている今、国内で製造業にかかわっていた労働者は厳しい環境に追い込まれています。

ただ、これまで繰り返し申し上げたように、人口が減少していく日本で大きな経済成長は簡単には見込めません。

これまで多くの人を雇用していた国内の製造業や小売業が衰退していくなかで、新たな産業を作り出すことが急務となっています。必要なのは、大きな設備投資をおこなわずとも、地方の労働者、特に若い人が雇用されるということです。

これまで申し上げてきたように、日本は文化財保護についても途上国と言わざるをえません。

しかし、このような現実から目を逸らしていては、いつまでたっても進歩できません。むしろこのように劣っている点と向き合って、「成長の機会」としてとらえるべきです。

「はじめに」でも申し上げましたが、規模が小さいということはまだまだ成長する〝伸びしろ〟があるということです。成長をしていない分野をどれだけ見つけて、そこを伸ばしていくのか。

日本が経済成長できるか否かというのは、このあたりにかかっているのではないでしょうか。

第六章　「観光立国」日本が真の経済復活を果たす

日本の観光ビジネスの実情

まずは日本における「観光ビジネス」について正しい「数字」を理解しておきましょう。公開されているものの中で、世界における日本のポジションを知るには以下の五つのポイントがあります。

一、世界ではGDPに対する観光業の貢献度は平均九パーセントだが、日本の場合は約二パーセント
二、国連の数字によると、外国人観光客が最も多いのはフランスで年間八三〇〇万人、次いでアメリカの六九八〇万人
三、日本を訪れる観光客は年間一〇三六万人（二〇一三年）、これは香港（二五六六万人）の半分以下
四、観光業収入を見ると、日本は一四九億ドルで、マカオの二八・九パーセントしかない
五、一人当たりで観光にもっともおカネを落とすのはオーストラリア人。以下ドイツ人、カナダ人、イギリス人、フランス人、イタリア人と続くが、日本には台湾、韓

国、中国という近隣国からの観光客が圧倒的に多い

観光面ではアジアの劣等生

では、ひとつずつ見ていきましょう。まず「一」の数字から見えるのは、日本の観光ビジネスというのが世界的に見るとかなり遅れている分野だという現実です。

簡単に言ってしまうと「稼げていない」のです。ただ、これは今まで同様に前向きに考えれば、まだまだ成長ができる分野だということです。

世界平均の三分の一くらいしか存在感がない日本の観光ビジネスですが、その理由を「二」と「三」の数字が雄弁に語っています。表7をご覧ください。世界を見渡せば、フランス、米国、スペイン、中国、イタリア、トルコなどには日本の三〜八倍の観光客が訪れているのです。

しかも、アジアに限定しても日本は極端に少ないです。タイやマレーシアの半分以下、しかも札幌市とほぼ同じくらいの面積しか国土がない香港の半分にも満たず、マカオや韓国にも及びません。観光客の数だけで見てしまうと、日本は完全に〝アジアの劣等生〟とも言える存在なのです。

このように聞くと、

「単に数が多ければいいというわけではない。日本には日本の良さを理解して、おカネを落としてくれる質のいい外国人観光客が多い」

などと都合のいい結論にもっていこうとする人がいますが、「四」からもわかるように〝質〟の面でもかなり厳しいことになっています。表8をご覧ください。日本の観光業収入はマカオの二九パーセント、香港の三分の一程度しかありません。シンガポールやマレーシア、タイにも遠く及ばず、国の規模、ＧＤＰからしても日本の観光業はあまりにも稼げていないと言わざるをえません。

日本にはおカネを落とさない

そしてもうひとつ稼げていない理由が「五」です。表9の左は観光にどれだけおカネを落とすかを国別にランキングしたものです。オーストラリア人の一人当たり支出がトップで、ドイツ、カナダ、イギリス、フランス、イタリア、ロシアという国が並びます。では、日本にこのような国からの観光客が来ているのかといえばそうではありません。訪日観光客国別ランキング（表9の右）を見れば、圧倒的に台湾、韓国、中国、タイ、香港というアジアの周辺諸国が多く、四位にアメリカがランクインしているくらいです。

観光客を差別するつもりはありませんが、観光客のなかにも「おカネをつかう客」と「あ

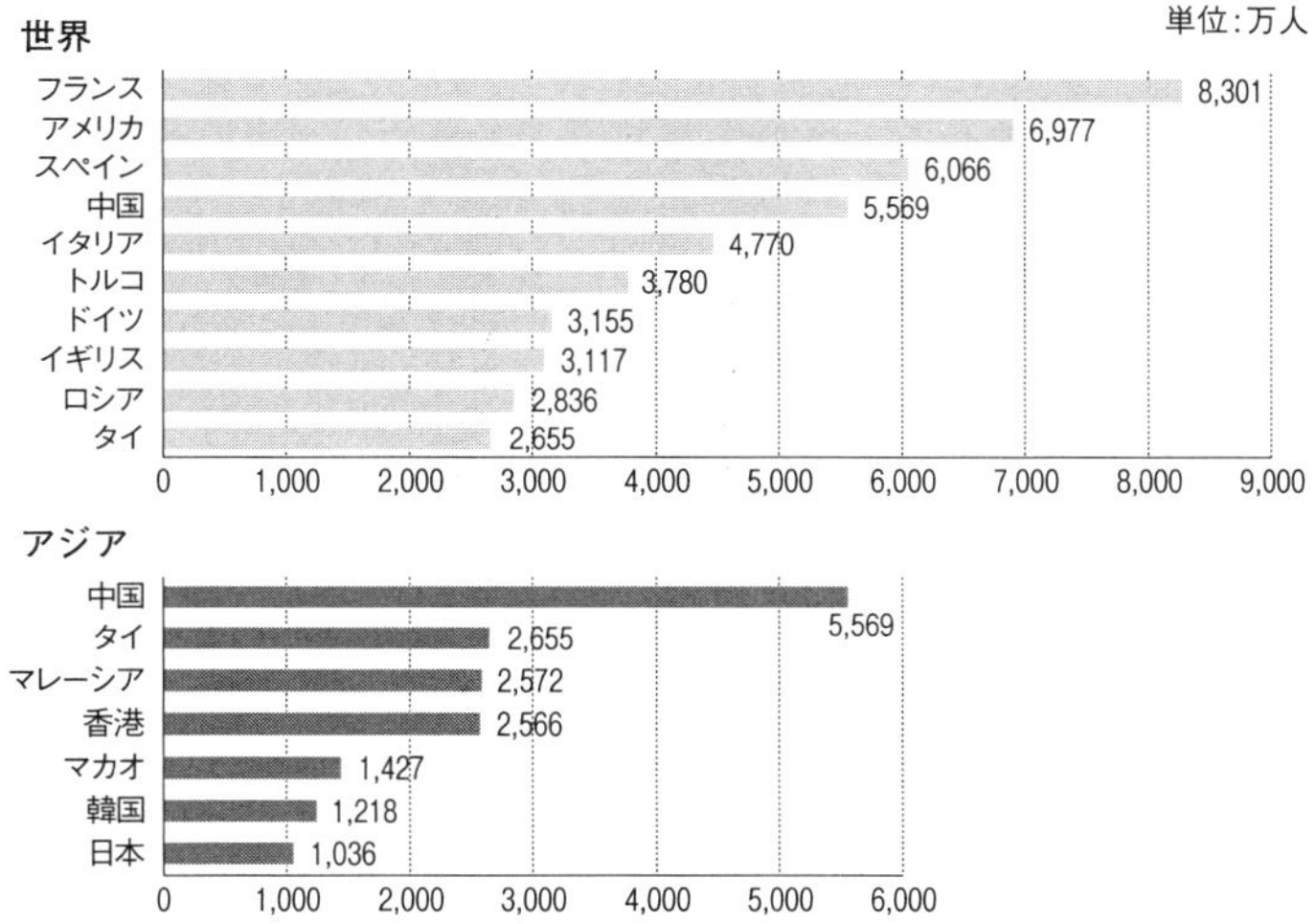

『UNWTO Tourism Highlights 2014 Edition』をもとに作成。フランスの数値は2012年のもの

表７　2013年の観光客数

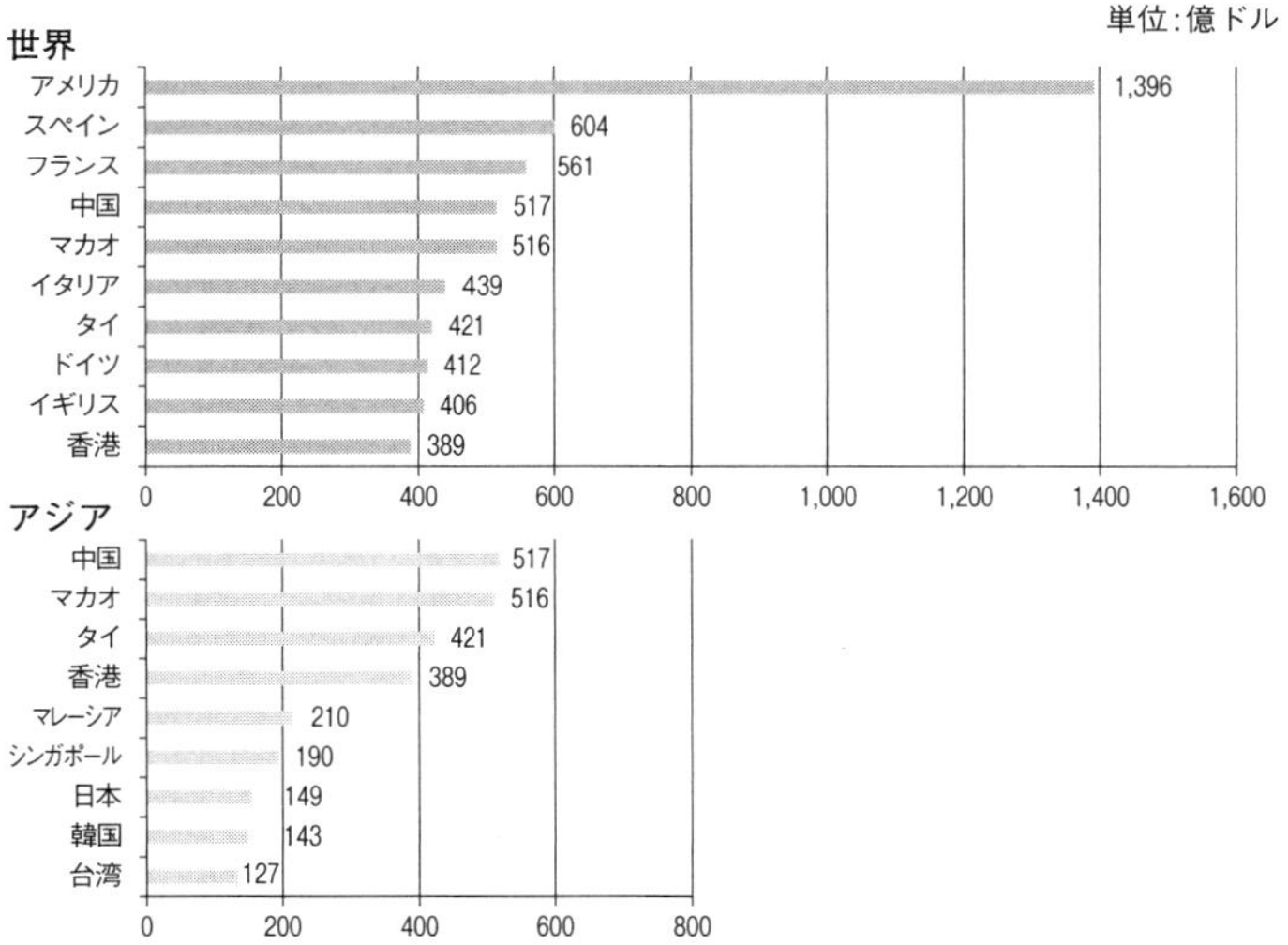

『UNWTO Tourism Highlights 2014 Edition』をもとに作成

表８　2013年の観光業収入

まりおカネをつかわない客」がいます。日本はその「おカネをつかう客」というのがほとんど訪れていないのです。

外国人観光客の総数を増やすのはもちろん、「おカネを落としてくれるオーストラリアやヨーロッパからの観光客」に響くような施策を打たなくてはいけません。

これまでお話をしてきたように経済というのは「シンプルアンサー」では解決しません。このひとつだけを改善すればすべてがバラ色の未来になるということではありませんが、遅れている日本の観光ビジネスのなかで、最も遅れている点をひとつ挙げさせていただきます。


それは「文化財」です。


イタリアやフランスなどに比較したら少ないほうですが、日本はかなり文化財が残っている部類の国です。街をちょっと歩けば、数百年前にできた寺や神社が残っていて、博物館へ行けば昔の人々がどのような暮らしを営んでいたのかという資料が山ほど残っています。

「そんなの当たり前でしょう」と思うかもしれませんが、世界史を紐解《ひもと》いても、権力者が替わると前の政権の文化的なものというのは破壊されてしまって文化財がしっかりと残らない

◇一人当たり世界支出ランキング

順位	国名
1位	オーストラリア
2位	ド イ ツ
3位	カ ナ ダ
4位	イギリス
5位	フランス
6位	イタリア
7位	ロ シ ア
8位	アメリカ
9位	中 国

◇訪日観光客国別ランキング(2014/3)

順位	国名
1位	台 湾
2位	韓 国
3位	中 国
4位	アメリカ
5位	タ イ
6位	香 港
7位	マレーシア

『UNWTO Tourism Highlights 2014 Edition』をもとに作成

表9　観光客数より中身

ケースも多いのです。そのため、「文化財」をもっている国の多くが、観光ビジネスに利用しています。

ところが、なぜか日本ではこの「文化財」をびっくりするほど活用していないのです。

京都が「世界一」という幻想

そのように聞くと、「そんなことはない。京都や奈良には日本文化を目当てにたくさんの外国人が訪れているじゃないか」と言う人がいらっしゃるでしょう。

しかし、それは「数字」から見るとそうとも言いきれません。京都市の発表によれば、二〇一三年の外国人宿泊客数は一一三万人。日銀京都支店の試算によれば、二〇一三年に京都府を訪れている外国人は一九五万八七七八人でした。

観光庁の調査によれば、訪日外国人観光客のなかで、およそ二五パーセントの人が「伝統文化に触れたい」と考えているそうです。一〇〇〇万人の二五パーセントですから二五〇万人くらいが、おそらく日本の伝統文化の代名詞である京都へ足を運ぶと考えられるのです。だいたい数字が合っています。

では、多く見積もって年間二〇〇万人の外国人観光客がやってきているとして、みなさんはこれを多いとお思いでしょうか。

私には思えません。京都市内には二〇一四年四月現在二九九二件の「文化財」があり、そのうち建造物の国宝は四〇件、重要文化財は二〇七件あります。このような観光資源の質と量を考えれば、驚くほどの観光客の少なさだと思っています。

安易な比較をすべきではありませんが、二〇一三年に大英博物館には六七〇万一六三六人が訪れ、そのうち外国人は四二〇万人でした。街全体に文化財が点在している京都がわずか二〇〇万人しか集客能力がないとは思えません。

先日も、京都の観光客が過去最多になったとニュースになっていましたし、アメリカの有名旅行雑誌「トラベル＋レジャー」が読者投票をもとにした世界の人気観光都市ランキングで京都が第一位に輝いたという話題がありました。

京都でも暮らしている者として大変喜ばしいことではありますが、諸手《もろて》を挙げて喜べない

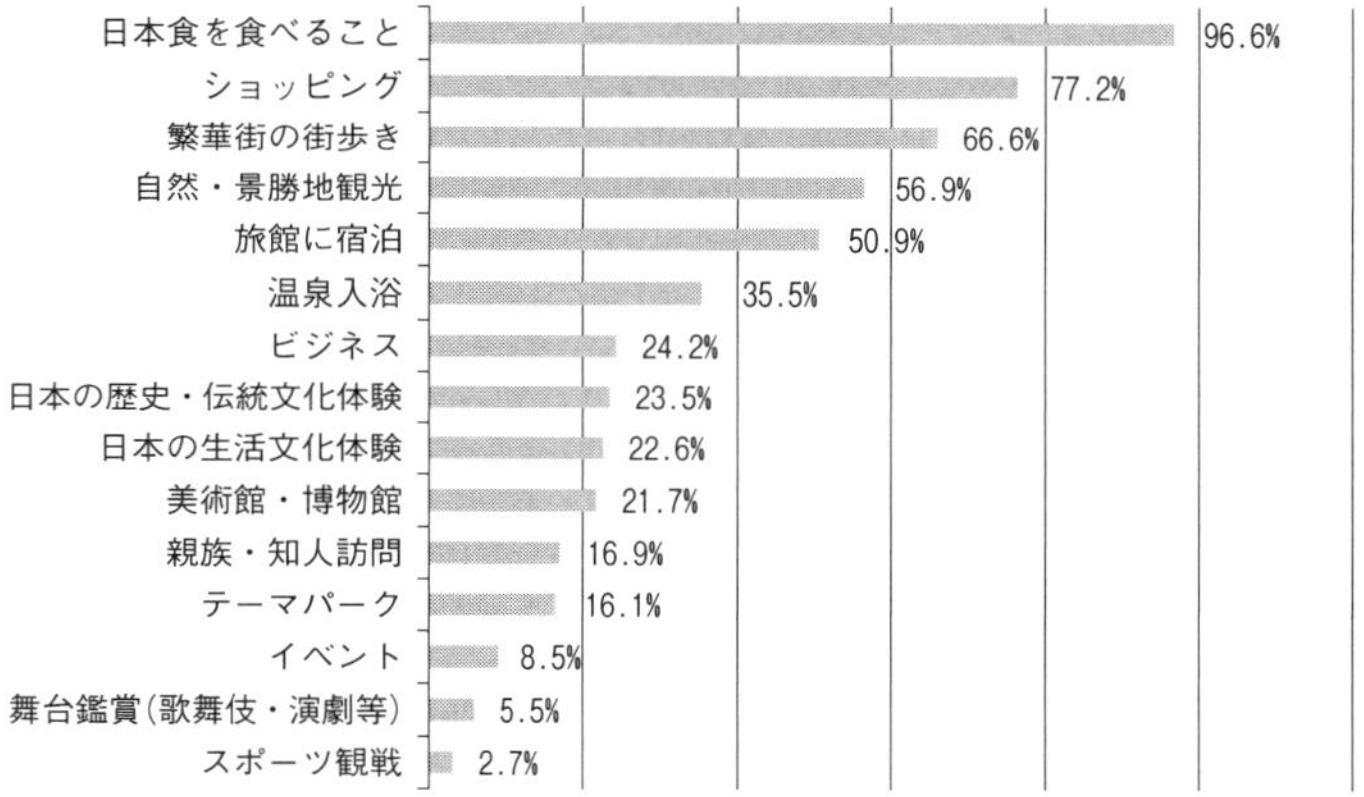

出典:観光庁「訪日外国人消費動向調査」(2013年)

表10　訪日時に実施した活動

問題が二つあります。

ひとつは、実際に京都に来ている人が投票しているのですが、本当の世界一であれば来訪者が二〇〇万人ということはないでしょう。

もうひとつは、なぜこれだけの数の外国人しか来ないのかということです。世界一なのに来ていない人はなぜ来ないのか、どうやったら来てもらえるかを真摯《しんし》に考えるべきでしょう。喜ぶのは早いと思います。

さらに追い打ちをかけるようですが、少ないのは「量」だけではありません。「質」の部分でも大いに問題があると思っています。

海外のさまざまな国のデータでは、文化財などに興味のある観光客は一日一〇万円を消費するというデータがでています。では京都を訪れる外国人観光客一人当たりの消費額はいくらなのかというと、一万三〇〇〇円弱なのです。

これを裏付けるかのように、京都にやってくる観光客の出身地は台湾が約二三万五〇〇〇人、アメリカが一六万四〇〇〇人、中国が一〇万七〇〇〇人という順番になっています。先ほど申し上げた、オーストラリア、ドイツ、カナダ、英国、フランス、イタリアという「観光にカネを落とす外国人」が圧倒的に少ないのです。

冷凍保存のハコモノ

それにしても、なぜ外国人観光客は京都にやってこないのでしょうか。考えられるのは京都の価値、つまり文化財が本来もっている価値が引き出されていないのではないかということです。というのも、私が「小西美術工藝社」で保存修復に関わっている関係で、さまざまな文化財を目にする機会がありますが、実際にそう思うケースが多いのです。

京都といえば、伏見稲荷大社や金閣寺、銀閣寺という有名な文化財は手入れが行き届いていますが、なかには保存状態が悪くなってしまっている神社も少なくありません。たとえば、ふすま絵はきれいですが、木の部分が腐ったり、彩色がほぼなくなったりするなど、粗《あら》が目立つのです。

さらに言えば、日本の文化財指定は「建物ごと」にしか適用されないので、指定されている文化財は非常に立派に修復されている場合でも、神社であれば、御本殿が補助金をもらって修復される傍らで、指定されていない拝殿や門や透《す》き塀《べい》とかは、ボロボロでみすぼらしいというケースもあります。

「そんな細かいところまで見てないだろう」と思うかもしれませんが、みなさんも海外旅行をして、楽しみにしていた「モン・サン・ミシェル」（フランス）の壁がボロボロで、いたるところが崩れていたらガッカリするのではないでしょうか。それと同じく、日本の繊細な美を楽しみにして訪れる外国人観光客からすれば、これは大きな減点です。

ただ、このような問題よりも、私が最も心配しているのは、日本の文化財が単なる「冷凍保存のハコモノ」になってしまっているという点です。

たとえば、私の京都の自宅から歩いて五分くらいのところに、私が大好きな文化財である二条城があります。ご存知のように、二条城の二の丸御殿といえば、一八六七年に一五代将軍の徳川慶喜《よしのぶ》が大政奉還を諸大名に伝えた場所です。徳川幕府が実権を握り、封建的な社会制度であった日本から、近代国家へ向けて大きく変わった歴史ドラマの舞台です。

ところが、この場を訪れる外国人観光客を見ていると、ほとんどは、なにやらよくわからないような顔をしてとりあえず写真を撮って、「なにか重要な場所なんだな」くらいの感想で素通りしていくのです。

無理もありません。日本のみなさんならば、学校で「大政奉還」くらいは習うでしょうし、なんとなくこの場の重要性がわかります。しかし、海外からやってくる観光客からすれば、単なる歴史のある木造建築に過ぎません。つまり、そこでおこなわれた「歴史ドラマ」がわからないのです。

良さがわからない外国人

たしかに、その大広間には将軍や大名などの人形が並んではいますが、彼らがどのような経緯でここに集まり、そしてここに座るまでにどのようなドラマがあり、そしてどのような意味でこのような装束を身にまとっていたのか、棚の飾り方をしていたのか、など詳しい説明がまったくないのです。二つの部屋以外には人形さえなく、わずかな説明があるだけで、後は空っぽです。

たとえば日本のみなさんがイギリスまで観光に行って、バッキンガム宮殿やウィンザー城の中に入って、文化財を保護しなくてはいけないからと調度品がすべて撤去されていたらガッカリしませんか。日本の文化財はまさしくこのようにただの「ハコ」を見学するだけのありさまなのです。これでは文化財の素晴らしさの一割も伝わりません。

これは二条城に限りません。日本の神社仏閣に行っても、ほとんどが日本語表記のパンフレットしかなかったり、あっても非常に薄く、細やかな造型美やそこに込められた精神世界の奥深さを伝えるわけでもなく、あまり内容に富んだものではないのです。畳は古く、ふすまや障子を外し、本来あるべき調度品も、お花もない。中を拝観しても、そこで何がおこなわれ、どのように使われたのか外国人にはさっぱりわかりません。

たとえば、茶室の場合は英語で「a tea-ceremony room」などの説明があるだけで、器も茶釜もなければ、掛け軸や茶花《ちゃばな》すら置かれていません。これでは、ここでどのように「茶道」というものがおこなわれるかわからない。単にその時代の建造物を冷凍保存して、公開しているハコモノになってしまっているのです。多くの場合、畳は何十年も表替えもしておらず「わび、さび」を完全に通り越したみすぼらしさです。文化財の茶室の多くはさまざまな特徴があるので、その良さを理解するには説明が必要です。

これでは、遠路はるばる日本にやってきた外国人観光客は満足しないのではないでしょうか。しかも、日本の歴史や文化に興味があって、それを感じることができると期待に胸を膨らませて京都にやってきた外国人などからすれば、その落胆ぶりは容易に想像できます。事実、それを示すようなデータもあります。

「日本政府観光局（ＪＮＴＯ）」が「訪日外客実態調査」（二〇〇六〜〇七年）で訪日前後の

日本の肯定的なイメージを比較したところ、訪日後に大きくイメージが下がったものが三つあります。ひとつは「産業・工業製品の好イメージ」で二・五パーセントダウン、ふたつめが「生活水準が高い」というもので、二・二パーセントダウン、そして最後が「文化と歴史がすばらしい」というもので一・三パーセントダウンをしています。

つまり、イメージしていたよりも文化や歴史がたいしたことないというわけです。その良さが伝わってないのではなくて、日本が伝えていないのです。

なぜ「歩きスマホ」をするのか

それは、実際に日本に来ている観光客を見ていても感じます。ある時、京都のお寺を見学していたら、近くの若者たちがスマートフォンを見つつ歩く「歩きスマホ」をしながら見学をしている場面に遭遇しました。

わざわざ入館料を払いながら、なんてもったいないと思いましたが、よくよく見てみると、その若者たちは、その文化財についての詳しい説明をネットで検索していたのです。

これは本当にもったいないことだと感じました。文化財を見にやってきた客に、ネットを使わせて、ネットの企業を儲けさせているわけですから。

では、文化財をつかって最も儲けている企業はどこか。これは少し極論ですが、交通機関だと私は思っています。「文化財」を楽しむために東京から京都を訪れる場合、新幹線なら往復三万円弱ほどの交通費がかかります。しかし、その観光客たちが京都の文化財に落とすお金はせいぜい数千円。

東京から出雲大社へ参拝する場合も、交通費は五万〜六万円かかりますが、極端な話、大社には賽銭分の数百円程度しか入らないかもしれません。交通機関のみなさんは、新幹線の「そうだ、京都へ行こう」などのキャンペーンで文化財の恩恵を受けているわけですから、ぜひ文化財寄付の枠を大幅に増やしていただきたいものです。

そもそも、文化財もある意味、テーマパークと同じで、対価に値するサービスを提供しなくてはいけません。なぜそこに建てたのか、なぜそのような形になったのか、ということをわかりやすく面白く来訪者に説明をしなくてはいけません。旭山動物園が、行動展示ということで成功しましたが、文化財こそ、人間ドラマの「展示」をしなくてはいけないのです。

もちろん、頑張っている神社もあります。昨年（二〇一三年）一〇〇〇万人以上が訪れた伊勢神宮は、外宮《げくう》に「せんぐう館」を創設し、社殿や宝物がどういうプロセスで造られたかをレプリカで説明するなどしていますし、内宮《ないくう》前の「おかげ横丁」も大人気ですが、ほとんどの文化財はサービス精神がほぼゼロ。「入れてやるから勝手に見学してお帰りください」というのが主流ではないでしょうか。

入り口で拝観料を払って、記念写真を一枚撮って帰るだけで、その場所をまわっている時間は一時間もありません。これではおカネが落ちる要素はありませんし、なによりも退屈極まりない「文化財観光」と言えるでしょう。

逆に考えれば、一人当たりの落とす金額が少ないというのは、日本人の観光客であっても、海外の観光客であっても、素直に文化財のサービス度合いに見合った対価が払われているからと考えるべきではないでしょうか。サービスをあまりしていないので、高い対価が貰えないのではと感じることが多いです。

それは、日本の観光誘致で今や無くてはならないものになった「ゆるキャラ」を見ても感じます。奈良の「せんとくん」や彦根市の「ひこにゃん」などを見て子どもたちは喜ぶかもしれません。しかし、文化財にカネを多く落とす外国人観光客からすれば逆に興ざめしてしまうような「子どもだまし」の観光ＰＲという印象を抱いてしまうかもしれません。

これまでの日本ではそのようなサービスは必要なかったのでしょう。日本の文化財はせいぜい日本人が休日に訪れるくらいで、「楽しみたければ学んできなさい」という供給者側の都合が優先されやすい世界でした。しかし、海外からの観光客に来てもらいたいのであれば、それでは通用しません。

再現した町家をわざわざ潰す

このようなことからもわかるように、文化財の価値を引き出すことができない最大の理由は、日本の社会自体が「文化財」というものにあまり興味がないということも大きいのではないでしょうか。そう考えるのは、私自身が京都の町家に暮らしているからかもしれません。

「はじめに」で申し上げたように、私は京都の町家を購入して暮らしています。茶道にのめりこむあまり茶室が欲しくなったということもありましたが、京都を訪れたいと思う時に限って宿がいっぱいなので京都に行く際の宿にしたいという思いがあったからです。

実際に住んでみると観光地ではない京都の素晴らしさがよくわかりました。友人を招いて能楽師に舞ってもらったり、茶道をしたり、お琴の出張演奏をお願いしたりして文化を楽しんでいますが、ここにいたるまでは非常に長い道のりがありました。

まず物件を探してみると、二条城まで歩いて五分あたりの場所に大正時代に建てられた「大塀造り《だいべい》」という町家を見つけました。広さは一〇〇坪弱。手に入れてまず私がやったのはできるだけ元の姿に近い形に戻すということでした。歴史を感じさせる木造住宅は、イギリスでは保存が義務づけられています。私のなかでは「古い建物はそのまま残す」ということが当たり前なのです。

さっそく、NPO法人の「京町家再生研究会」に電話をして、町家改修を手がける大工さんや左官さんたちを紹介していただきました。彼らは私の期待に見事に応えてくれました。たとえば、壁には「大阪土」というものがつかわれていましたが、今は入手できないので、その代わりに「京錆土《きょうさび》」という土を用いて再現してくれました。

建物の一階、二階の内部の壁は、火にも水にも強い「聚楽土《じゅらく》」、奥庭に建つ土蔵のしっくい壁もなんども塗り足してもらいました。

そして、購入時には消えていた「おくどさん（かまど）」や井戸もすべて再現しました。「おくどさん」にこれまで一度も火を入れたことはありませんが、古い建物を再現するというのは、このような細かい部分まですべてを元に戻すことだと私は思っています。

しかし、そのようにして昔の姿に戻した町家に、よく不動産関係の営業担当者がやってきて「売りませんか」と言ってきます。この町家の価値をわかっている人からの申し出なのかと思うと、マンションを建てるというのです。

私は非常に残念になりました。たしかに、人はどこにどう住もうが自由です。町家などよりマンションのほうがいいという人がいてもいいですが、それをわざわざ歴史のある建物、伝統文化として価値のあるものを潰してまでやることなのか、私は疑問に思います。

目の前の快適さをとるあまり、自分たちが本来もっている「価値」を潰してしまっているようにしか私には思えません。

二〇〇八年から二〇一〇年の調査では、京都市の市街地には四万七七三五軒の町家があるといいますが、年に一〇〇〇軒壊されている。四万軒をきってしまう日も近いのではないでしょうか。

「楽しんでもらおう」の欠如

このような日本の文化財に対する意識の低さをあらわしているのが、文化財の保護の予算です。二〇一四年度の予算では国宝・重要文化財の建造物の保存修理費は年間八一億五〇〇〇万円。国宝・重要文化財建造物は全国に計二六三〇件、四八九五棟。一件当たり平均三一〇万円、一棟当たりは一六七万円です。これでいったい何ができるのでしょうか。現状では、かなり痛々しい状態になって雨漏りをしたりする緊急を要する場合か、四〇～五〇年が経ったら大修理をする。この繰り返しなのです。

もちろん、「文化財」の価値を引き出して、外国人観光客を呼んで自ら収益を得ようなどという考えはさらさらありません。あくまでも文化財を「守る」のみの考え方から発生する小さな金額に過ぎません。

文化財を管轄するのが、文部科学省の外局である文化庁であり、そのミッションは、いわずもがな文化財の保存です。二〇一四年度「文化財修理の抜本的強化・防災対策等の充実」という項目で予算がたった際にも、「木造文化財建造物等の価値を損なうことなく次世代へ継承するため、保存修理を実施する」と述べていることからもわかるように、そこからは観光客に「文化財」というものを楽しんでもらおうという視点はほとんど見えてきません。

つまり、日本の文化財というのが単なる「冷凍保存のハコモノ」になってしまうのは経済的理由にくわえ、日本の観光行政の今までのあり方から来ています。人が楽しむ文化財より人が入らない文化財という「保護優先」の考え方が「常識」ですので、これで観光客が少なく、サービスもないというのは理にかなっています。ただ、「観光立国」を掲げるのであれば、この「常識」を改めて、発想を転換させなければいけません。

細かい補修とガイドが急務

海外において文化財保護の基本はpreservationとpresentationの両立といわれます。つまり、保存しながら、それをどう人にアピールするかということです。

ていねいな解説をしたり、あるいはベルサイユ宮殿のようにイベントに使用したり、本来の目的に沿ったイベントをおこなうなど様々なpresentationが必要です。たとえば、ガイドを有料にして、文化財を時間をかけてまわっても楽しめるものにします。海外からの観光客の場合は自国語での音声端末の貸し出しサービスなどが現実的ですが、成功例では高齢者によるシルバーガイドなどの活用もあります。雇用創出にもなりますし、端末にはない〝生〟の面白さがあります。そのために必要なのは、ガイドのための資料などの予算です。文化財というものは一分でも長く滞在してもらって、楽しみを見出して初めて理解してもらえるものだからです。

現在、日本の文化財は、建造物によってはかなり傷んでこないと手を入れません。壊れた場合は緊急性をもって修理しますが、普段は最小限の補修しかしません。

それはpreservationとして正しいことですが、presentationには良くありません。文化財や歴史の専門家ではない一般の人にこの歴史ドラマの舞台を楽しんでもらうためには、入場料や拝観料に見合うだけの、快適で価値のある場所にしなくてはいけません。そうなると、一般人が足を踏み入れることによって、傷んでしまう部分も見据えて補修をしなければならないでしょう。

表11をご覧ください。日本の文化財予算は大規模工事が全予算の大半を占めるというpreservationに特化した配分になっています。クールジャパンで日本文化を発信するということであれば、やはり文化財の価値を引き出すため、五～一〇年に一回程度の小修理、今の

大修理に加えて、長期修繕計画を立てて、それを常に良い状態に保つということが大事です。本来は根本修理をする時は、その投資的効果を実現すべく、解説や環境整備などを担当する専門チームが送られて「クールジャパン効果」を実行するのが理想です。もちろん、それで終わるのではなく、その後も定期的な検査・検証を続けていくべきです。

このようなかたちでクールジャパンが推進されていけば、やはりガイドの充実なども避けては通れません。また、観光客の増加でゴミも増えることが予想されるので、今以上にゴミ箱を設置したり、交通機関も便利にして、イベントの発信と同じように「ゴミのお持ち帰り」などのマナー向上を呼びかけるべきでしょう。「何でも禁止」をやめて、前向きに賢く解決するマインドに切り替えなくてはいけません。また、人の流れを考えて、座る場所、休憩する場所、移動の効率化を考える「地域デザイナー」のような役割の人間も必要になります。

あと、忘れてはならないのは「自然保護」です。日本は一平方キロメートルあたりの植物と動物の密集度が世界一だと言われています。

これは間違いなく日本の財産です。この自然を見たくてやってくる何千万という外国人観光客に楽しんでもらいつつ、それを維持していく整備も今後は求められていくのではないでしょうか。

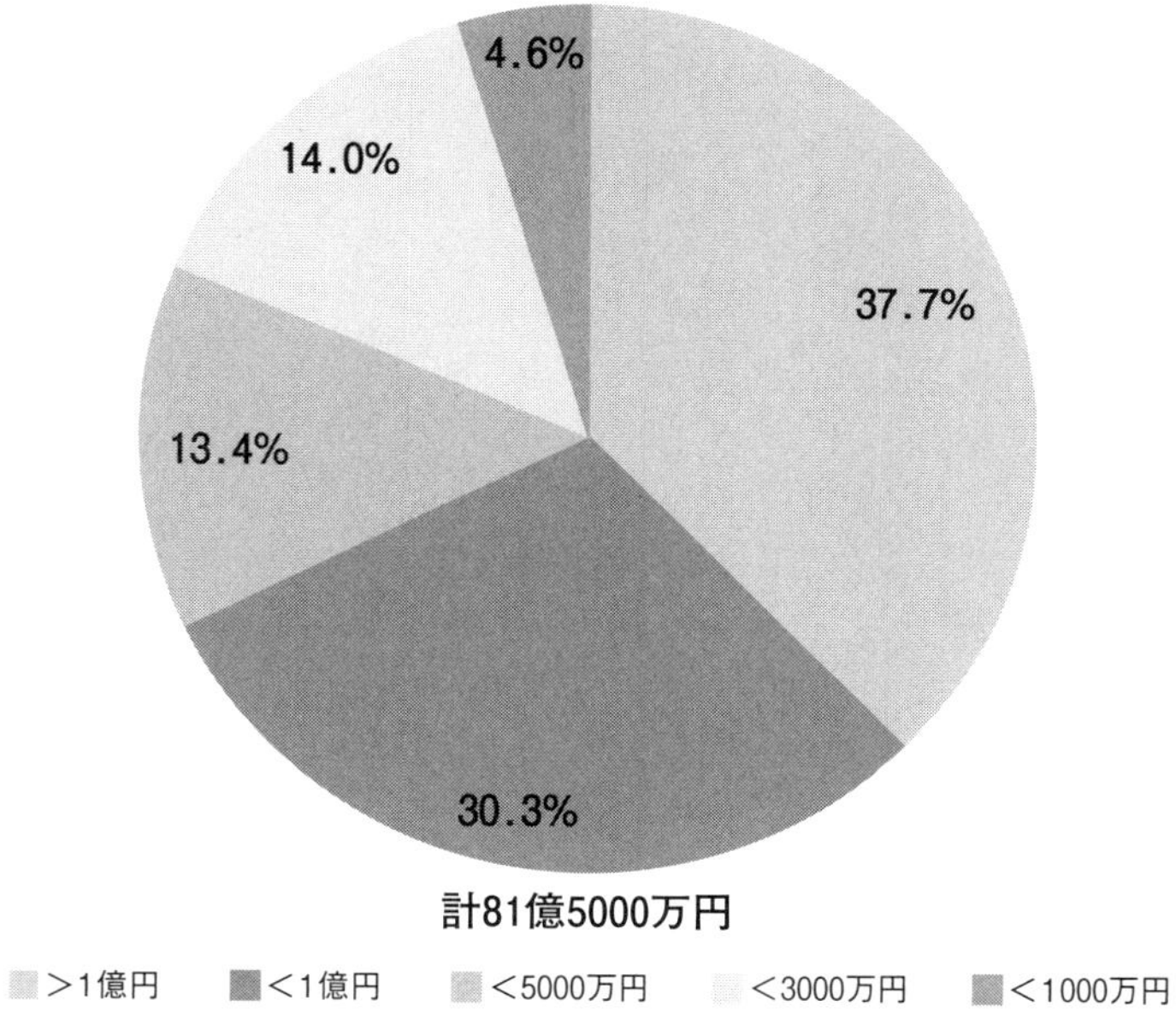

文化庁の資料をもとに作成

表11　文化財予算の規模別割合

おわりに

オックスフォード大学時代から今にいたるまで、私は三〇年間にわたって「日本経済」というものを分析し続けてきました。

アナリスト時代はその分析から、不良債権の予想、債権放棄、不動産の流動化の必要性を訴えました。自慢話のようになって恐縮ですが、バブル崩壊後に「主要銀行は四行しか必要ない」というレポートを出してから一年も経たないうちに、主要銀行の合併が始まったという分析は、今もアナリスト業界では伝説のように語られています。

そのような三〇年間のアナリスト人生の「結晶」が本書です。マスコミなどで報じられている日本経済の「常識」とはやや異なる結論、誤解を与えてしまう恐れのある結論もありますが、読者のみなさんにとって、日本経済を今までとは違った視点から見るきっかけになれば幸いです。

本書のなかでは、私自身が長年問いかけ続けてきた日本経済にまつわる「謎」について真っ正面から取り組んでみました。

なぜこの国にはここまで潜在能力があるにもかかわらず経済が良くならないのか、特にこの二五年間、低迷を続けているのはなぜなのか——。

このような視点から今の日本経済を「分析」した結論をまとめると以下のとおりです。

まず、人口が減っていくこれからの日本で経済が今より厳しい局面を迎えるのは避けられません。それに対応するには徹底的に分析をして、その現実へ向かっていく国策を考える必要があります。それは抽象的で曖昧で、評論家的なアマチュア経営では不可能でしょう。

ただ、輸出入業によって経済を一五パーセント以上伸ばすことは可能です。

先進国の多くは、ＧＤＰに対する輸出額が三〇パーセントなのに対して、日本は一五パーセント弱。ＯＥＣＤ各国のなかで下から八番目ということですから、まだまだ〝伸びしろ〟があります。今後は輸入も積極的に増やしていけば、一五パーセントの成長は夢ではありません。

日本の場合、輸入を増やすという思考は明治時代から避けられてきましたが、そのような価値観も見直すべきでしょう。輸入によってインフレも促進できます。輸出を増やすためには輸入は必要ですし、輸入に力を入れることで雇用も生み出されるので、利益も伴います。

このような輸出量の〝伸びしろ〟に最大限に貢献できるものがひとつあります。それが観光業です。

観光業というのは世界ではＧＤＰに対して九パーセントの貢献というのが一般的なところ、日本はいまだに二パーセントしかありません。最低でも世界平均まで引き上げていくことは決して不可能な話ではありません。さらに外国人相手の観光業は「輸出」とカウントされますので、輸出の伸びにもっとも貢献するでしょう。

もちろん、経済効果も期待できます。バラマキの公共投資などよりもよほど大きな効果が期待でき、イギリスの例をもとにすると、しっかりと観光への投資をすれば、日本では四三〇万人の新規雇用が推定されています。さらに言えば、観光業の女性参加率は海外において他業種より高い事実も認められているので、女性の社会進出を促進させることもできるのです。

また、観光戦略は食事、漫画、アニメ、音楽などに加えて、文化財を中心とした日本の伝統文化の世界への訴求にも大きく貢献します。

ただし、それには文化財を楽しんでもらうために、これまでの「保護優先」という発想を大きく変える必要があります。文化財をより頻繁に修理して、文化財に対する解説もつけるなど、観光のための投資をするべきでしょう。どんどん情報を発信して、イベントも頻繁に行い、観光ルートも整備する必要があります。

現在、国宝・重要文化財の建造物保存修理予算は八一・五億円ですが、すぐには難しいにせよ、いずれ二〇〇億円まで増やしていけば、その効果を実感できるはずです。地方は歴史と文化と自然の宝庫ですから、文化財を中心とした観光戦略というのは真の地方創生戦略になるのではないでしょうか。

このような分野を成長させていくとともに、日本経済のなかで急務なのは生産性の向上です。現在、日本の生産能力は、私の調査では本来の実力を一九パーセント程度下回っています。まずこれを立て直さないことには、様々な施策の効果も半減してしまいます。
といっても、私は日本がアメリカのように無理矢理に最後の一円まで合理化、効率性を求める国になるべきではないと思っています。ゴールドマン・サックスというアメリカの企業に長く勤めていましたが、アメリカのやり方はやはり行き過ぎの部分もあると思っています。

では、今の日本がいいのかというともちろんそうでもなく、ROEを含めた数字的な基準を軽視することから来るさまざまな歪みも確認されています。

ならば、どうすべきか。今後の日本は政府の戦略も含めて、ある程度の数字的な目標と明確な責任を設けたほうが良いのではないかと思います。

実行の責任もこれまでのように曖昧にせず、責任を追及しないという文化も否定して、予想された投資の効果を確実に実現するためのチェック機能の強化を計るべきだと思います。

そのような細かい取り組みを続けていくことこそが、日本の生産性を向上させていくのです。

日本の特徴のひとつは、やたらと「問題」を指摘する声が多く、その類の会話が多いことだと感じています。そもそも、「問題」とは言ってみれば理想と現実の差がもたらすものですので、理想を高くもつ日本社会ならではの特徴かもしれません。

私は高き理想を掲げる日本の文化が好きです。しかし、なぜかこの何十年間は、あちらこちらの場面で理想と現実の差が広がってきているような印象を受けます。

高い理想を維持しつつ、現実のギャップを縮小していく日本経済、日本社会の取り組みに大いに期待をしております。

最後になりますが、この本を出版するに当たり、多くの方にご協力をいただきました。心から厚く御礼、感謝申し上げます。また、最後までお読みくださった読者のみなさんにも、「ありがとうございました」と言いたいです。

二〇一四年一〇月

京都にて

デービッド・アトキンソン

デービッド・アトキンソン

小西美術工藝社代表取締役社長。元ゴールドマン・サックスアナリスト。裏千家茶名「宗真」拝受。

1965年、イギリス生まれ。オックスフォード大学にて「日本学」専攻。アンダーセン・コンサルティング、ソロモン・ブラザーズを経て、1992年にゴールドマン・サックス入社。日本の不良債権の実態を暴くレポートを発表し、注目を集める。98年に同社managing director(取締役)、2006年にpartner(共同出資者)となり、07年に退社。同社での活動中、1999年に裏千家に入門。日本の伝統文化に親しみ、2006年には茶名「宗真」を拝受する。

09年、創業以来300年を超えて国宝・重要文化財の補修を手掛ける小西美術工藝社に入社、取締役に就任。10年に代表取締役会長、11年に同会長兼社長に就任し、日本の伝統文化を守りつつ、旧習の縮図である伝統文化財をめぐる行政や業界の改革への提言を続けている。

講談社+α《プラスアルファ》新書 672-1 C

イギリス人《じん》アナリスト 日本《にほん》の国宝《こくほう》を守《まも》る

雇用400万人、GDP8パーセント成長への提言

デービッド・アトキンソン ©David Atkinson 2014

2014年10月20日第1刷発行
2015年6月1日第10刷発行

発行者—— 鈴木 哲
発行所—— 株式会社 講談社
東京都文京区音羽2-12-21 〒112-8001
電話 出版部(03)5395-3532
販売部(03)5395-4415
業務部(03)5395-3615

デザイン—— 鈴木成一デザイン室
カバー印刷—— 共同印刷株式会社
印刷—— 慶昌堂印刷株式会社
製本—— 株式会社若林製本工場

定価はカバーに表示してあります。

落丁本・乱丁本は購入書店名を明記のうえ、小社業務部あてにお送りください。

送料は小社負担にてお取り替えします。

なお、この本の内容についてのお問い合わせは第一事業局企画部あてにお願いいたします。


ISBN978-4-06-272870-6

講談社＋α新書

- **大奥の食卓** 長く美しく生きる「食」の秘密　緋宮栞那
  徳川260年のあいだ、美と健康のために役立った食べ物とはなにか。大奥の智恵に迫る
  838円 603-1 B

- **「感じが悪い人」は、なぜ感じが悪いのか?** 人生に成功する7つのSYAコミュニケーション　松下信武
  「感じの悪さ」は、人間の善悪とは無関係!! いい課長がいい部長になれないのはなぜか!?
  838円 604-1 C

- **50歳を超えてもガンにならない生き方**　土橋重隆
  進行性ガンを数多く執刀した経験から出た結論 ⇩ガンの部位で生き方がわかる、「心」で治す!!
  876円 605-1 B

- **アイデアを脳に思いつかせる技術**　安達元一　藤本貴之 監修
  才能はなく、努力も嫌い。そんなあなたの脳が洪水のようにアイデアを勝手に出す裏ワザとは
  876円 606-1 C

- **お江戸日本は世界最高のワンダーランド**　増田悦佐
  生涯現役の高齢社会、超リサイクル生活、文化に散財、で豊かな人生を謳歌した江戸人に学べ
  838円 607-1 C

- **人の性格はDNAで決まっている**　中原英臣　佐川峻
  血液型性格占いはもう古い。企業から軍隊まで導入するDNA性格診断を利用して成功する!
  838円 608-1 C

- **「味覚力」を鍛えれば病気にならない** 味博士トレーニングメソッド　鈴木隆一
  高血圧の人はなぜしょっぱいものを好むのか。病気、老化、肥満の答えは「舌」が知っている
  838円 609-1 B

- **スタイルエクサ3Kメソッド** 50歳になっても20代の体型を完全キープ!　KEIKO
  47歳、成人した子供が二人!! 下半身デブから究極ボディを得た秘密は肩甲骨・骨盤・股関節に
  876円 610-1 B

- **こころ自由に生きる練習** 良寛88の言葉　植西聰
  「生き方」の本で多くの支持を得る著者が、知れば必ず人生が変わる良寛の言葉をやさしく解説
  876円 611-1 D

- **日本の男を喰い尽くすタガメ女の正体**　深尾葉子
  現代日本の家庭生活を支配する「幸福幻想」に斬り込み「生きづらさ」の根源を究明する一冊
  838円 612-1 A

- **日本の社会を埋め尽くすカエル男の末路**　深尾葉子
  日本の男たちの責任逃れと現実逃避は「タガメ女」に搾取されて喜びを感じる「カエル道」が原因!
  840円 612-2 A

表示価格はすべて本体価格（税別）です。本体価格は変更することがあります

講談社+α新書

ガリ勉じゃなかった人はなぜ高学歴・高収入で異性にモテるのか
明石要一
五〇〇〇人調査と日本を代表する二一人が証明!! 子ども時代の「学校外体験」が人生を決める！
838円 613-1 A

「シニア起業」で成功する人・しない人 定年後は、社会と繋がり、経験を活かす
片桐実央
ついに定年起業元年！ 会社をやめた後に起業し、やりがいを実現させるための全てがここに
838円 614-1 C

「察しのいい人」と言われる人は、みんな「傾聴力」をもっている
佐藤綾子
「聞いて、察して、訊く」。この3ステップで、仕事も人間関係も成功する、ビジネス必勝の書
838円 615-1 A

官僚が使う「悪徳商法」の説得術
原英史
真柄昭宏
政治家もコロリ——怒らせて勝つなど霞が関、門外不出の秘伝はハーバード流交渉術も凌駕!!
838円 616-1 C

私は、こんな人になら、金を出す！
村口和孝
成功する起業家の条件・アクションとは何か？ ３００億円以上儲けた投資家が具体的に喝破！
838円 617-1 C

男が愉しむ料理入門 厨房でこそ男は若返る
丸谷馨
料理が得意な男は、精神と肉体の年齢も若い。こだわりレシピに活力の秘訣があった
838円 618-1 B

指からわかる男の能力と病
竹内久美子
今、世界的指ブーム到来！ 〝指研究の権威〟竹内久美子が智・性・勇・癌・心と指の秘密を解く!!
838円 619-1 C

はじめての論語 素読《そどく》して活かす孔子の知恵
安岡定子
素読＝声に出して読むことで、論語は活きた哲学となり、仕事の役に立つ！ 社会人必読の書
838円 620-1 A

女性の部下を百パーセント活かす７つのルール
緒方奈美
「日本で最も女性社員を活用している会社」のカリスマ社長が説く、すぐ役立つ女性社員操縦術！
838円 621-1 C

水をたくさん飲めば、ボケは寄りつかない
竹内孝仁
認知症の正体は脱水だった！ 一日１５００ccの水分摂取こそ、認知症の最大の予防策
838円 622-1 B

新聞では書かない、ミャンマーに世界が押し寄せる30の理由
松下英樹
日本と絆の深いラストフロンティア・ミャンマーが気になるビジネスパーソン必読の書！
838円 623-1 C

表示価格はすべて本体価格（税別）です。本体価格は変更することがあります

講談社＋α新書

運動しても自己流が一番危ない　正しい「抗ロコモ」習慣のすすめ
曽我武史
陸上競技五輪トレーナーが教える、効果最大にするコツと一生続けられる抗ロコモ運動法
838円 624-1 B

スマホ中毒症　「21世紀のアヘン」から身を守る21の方法
志村史夫
スマホ依存は、思考力を退化させる！　少欲知足の生活で、人間力を復活させるための生活術
838円 625-1 C

「アンチエイジング脳」読本　いくつになっても、脳は磨ける
築山節
今すぐできる簡単「脳磨き」習慣で、あなたの脳がどんどん変わる！　ボケたくない人の必読書
800円 626-1 B

最強の武道とは何か
ニコラス・ペタス
K-1トップ戦士が自分の肉体を的に実地体験！強さには必ず、科学的な秘密が隠されている!!
838円 627-1 D

住んでみたドイツ　8勝2敗で日本の勝ち
川口マーン惠美
在独30年、誰も言えなかった日独比較文化論!!ずっと羨しいと思ってきた国の意外な実情とは
838円 628-1 D

住んでみたヨーロッパ　9勝1敗で日本の勝ち
川口マーン惠美
20万部突破のシリーズ最近作!!　欧州の都市は劣化しEUは崩壊する…世界一の楽園は日本！
880円 628-2 D

成功者は端っこにいる　勝たない発想で勝つ
中島武
350店以上の繁盛店を有する飲食業界の鬼才の起業は40歳過ぎ。人生を強く生きる秘訣とは
838円 629-1 A

若々しい人がいつも心がけている21の「脳内習慣」
藤木相元
脳に思いこませれば、だれでも10歳若い顔になる！「藤木流脳相学」の極意、ついに登場！
838円 630-1 B

新しいお伊勢参り　“おかげ年”の参拝が、一番得をする！
井上宏生
伊勢神宮は、式年遷宮の翌年に参拝するほうがご利益がある！　幸せをいただく㊕お参り術
840円 631-1 A

日本全国「ローカル缶詰」驚きの逸品36
黒川勇人
「ご当地缶詰」はなぜ愛されるのか？　うまい、取り寄せできる！　抱腹絶倒の雑学・実用読本
840円 632-1 D

溶けていく暴力団
溝口敦
反社会的勢力と対峙し続けた半世紀の戦いの集大成！　新しい「暴力」をどう見極めるべきか!?
840円 633-1 C

表示価格はすべて本体価格（税別）です。本体価格は変更することがあります

講談社＋α新書

日本は世界1位の政府資産大国
髙橋洋一
米国の4倍もある政府資産⇩国債はバカ売れ!! すぐ売れる金融資産だけで300兆円もある！
840円 634-1 C

外国人が選んだ日本百景
ステファン・シャウエッカー
旅先選びの新基準は「外国人を唸らせる日本」 あなたの故郷も実は、立派な世界遺産だった!!
890円 635-1 D

もてる！『星の王子さま』効果 女性の心をつかむ18の法則
晴香葉子
なぜ、もてる男は『星の王子さま』を読むのか？ 人気心理カウンセラーが説く、男の魅力倍増法
840円 636-1 A

「治る」ことをあきらめる「死に方上手」のすすめ
中村仁一
ベストセラー『大往生したけりゃ医療とかかわるな』を書いた医師が贈る、ラストメッセージ
840円 637-1 B

偽悪のすすめ 嫌われることが怖くなくなる生き方
坂上忍
迎合は悪。空気は読むな。予定調和を突き抜ければ本質が見えてくる。話題の著者の超人生訓
840円 638-1 A

日本人だからこそ「ご飯」を食べるな 肉・卵・チーズが健康長寿をつくる
渡辺信幸
テレビ東京「主治医が見つかる診療所」登場。3000人以上が健康&ダイエットを達成！
890円 639-1 B

改正・日本国憲法
田村重信
左からではなく、ど真ん中を行く憲法解説書!! 50のQ&Aで全て納得、安倍政権でこうなる！
880円 640-1 C

筑波大学附属病院とクックパッドのおいしく治す「糖尿病食」
矢作直也
「安心＝筑波大」「おいしい＝クックパッド」の最強タッグが作った、続けられる糖尿病食の全貌
840円 641-1 B

「脊柱管狭窄症《せきちゅうかんきょうさくしょう》」が怖くなくなる本 20歳若返る姿勢と生活の習慣
福辻鋭記
ベストセラー『寝るだけダイエット』の著者が編み出した、究極の老化防止メソッド！
800円 642-1 B

白鵬のメンタル 人生が10倍大きくなる「流れ」の構造
内藤堅志
大横綱の強さの秘密は体ではなく心にあった!! メンタルが弱かった白鵬が変身したメソッド！
880円 643-1 A

人生も仕事も変える「対話力」 日本人に闘うディベートはいらない
小林正弥
「ハーバード白熱教室」を解説し、対話型講義のリーダー的存在の著者が、対話の秘訣を伝授！
890円 644-1 C

表示価格はすべて本体価格（税別）です。本体価格は変更することがあります

講談社+α新書

ジパングの海 資源大国ニッポンへの道
横瀬久芳
日本の海の広さは世界6位——その海底に約200兆円もの鉱物資源が埋蔵されている可能性が!?
880円 656-1 C

「骨ストレッチ」ランニング 心地よく速く走る骨の使い方
松村卓
骨を正しく使うと筋肉は勝手にパワーを発揮!! 誰でも高橋尚子や桐生祥秀になれる秘密の全て
840円 657-1 B

「うちの新人」を最速で「一人前」にする技術 美容業界の人材育成に学ぶ
野嶋朗
へこむ、拗ねる、すぐ辞める「ゆとり世代」をいかに即戦力に!? お嘆きの部課長、先輩社員必読!
840円 658-1 C

40代からの 退化させない肉体 進化する精神
山﨑武司
努力したから必ず成功するわけではない——高齢スラッガーがはじめて明かす心と体と思考!
840円 659-1 B

ツイッターとフェイスブック そしてホリエモンの時代は終わった
梅崎健理
流行語大賞「なう」受賞者—コンピュータは街の中で「紙」になる、ニューアナログの時代に
840円 660-1 C

医療詐欺 「先端医療」と「新薬」は、まず疑うのが正しい
上昌広
先端医療の捏造、新薬をめぐる不正と腐敗。崩壊寸前の日本の医療を救う、覚悟の内部告発!
840円 661-1 B

長生きは「唾液」で決まる! 「口《くち》」ストレッチで全身が健康になる
植田耕一郎
歯から健康は作られ、口から健康は崩れる。その要となるのは、なんと「唾液《つば》」だった!?
800円 662-1 B

マッサン流「大人酒の目利き」 「日本ウイスキーの父」竹鶴政孝に学ぶ11の流儀
野田浩史
朝ドラのモデルになり、「日本人魂」で酒の流儀を磨きあげた男の一生を名バーテンダーが解説
840円 663-1 D

63歳で健康な人は、なぜ100歳まで元気なのか 人生に4回ある「新厄年」のサイエンス
板倉弘重
75万人のデータが証明!! 4つの「新厄年」に人生と寿命が決まる! 120歳まで寿命は延びる
880円 664-1 B

預金バカ 賢い人は銀行預金をやめている
中野晴啓
低コスト、積み立て、国際分散、長期投資で年金不信時代に安心を作ると話題の社長が教示!!
840円 665-1 C

万病を予防する「いいふくらはぎ」の作り方
大内晃一
揉むだけじゃダメ! 身体の内と外から血流・気の流れを改善し健康になる決定版メソッド!!
800円 666-1 B

表示価格はすべて本体価格(税別)です。本体価格は変更することがあります